Geheimtips für Genießer
Barolo – Die Weinstraßen im Herzen Piemonts

BAROLO

Die Weinstraßen im Herzen Piemonts

Aus dem Italienischen
von Eva Maria Weber

edition spangenberg bei Droemer Knaur

Die Deutsche Bibliothek – CIP-Einheitsaufnahme

Barolo : die Weinstrassen im Herzen Piemonts / [Slow Food]
Aus dem Ital. von Eva Maria Weber. [Text: Armando Gambera. Red.: Paola Gho ...].
– München : Ed. Spangenberg bei Droemer Knaur, 1996 (Geheimtips für Geniesser)
Einheitssacht.: Le strade del Barolo <dt.>
ISBN 3-426-26846-9
NE: Gambera, Armando; Weber, Eva Maria [Übers.]; Arcigola Slow Food; EST

Koordination: Giovanni Ruffa
Text: Armando Gambera
Redaktion: Paola Gho, Maria Mancuso, Mavi
Negro, Carlo Petrini, Irne Sardo, Piero Sardo
Zeichnungen und Karten: Gabriele Klann
Gestaltung: Gabriele Klann
Fotos: Pierangelo Vacchetto, Armando
Gambera, Renato Massolini, Grazia Novellini,
Jens Priewe (S.55)
© Copyright der deutschsprachigen Ausgabe
Droemersche Verlagsanstalt Th. Knaur Nachf.,
München 1996
Die Originalausgabe ist unter dem Titel »Le
strade del Barolo. Scoprire la Langa e le colline
del re dei vini« in Italien bei Arcigola Slow Food
Editore, Bra (Cn) erschienen.
© Copyright 1993 Arcigola Slow Food Editore
Umschlaggestaltung: Vision Creative Design,
München
Umschlagfoto: Thomas von Salomon
Satz: OK Satz GmbH, Unterschleißheim
Druck und Bindung: Clausen und Bosse, Leck
Printed in Germany

ISBN 3-426-26846-9
5 4 3 2 1

Inhalt

Benutzerhinweise

TIPS & INFOS
*Ausführliche Informationen
finden Sie ab Seite 72.* In Kurzform nützliche Hinweise und empfehlenswerte Adressen (Hotels, Restaurants, Osterie, Weinkellereien, Bars, Cafés, Läden, Werkstätten)

Essen und Trinken

Trattoria Roma — Restaurant mit guter Küche
Trattoria Roma★ — Restaurant mit bemerkenswert guter Küche
Trattoria Roma★★ — Restaurant mit ausgezeichneter Küche, nicht versäumen

 Restaurant, das uns besonders gut gefällt aufgrund seines gemütlichen Ambientes, der traditionellen Küche und der unverfälschten Gastfreundschaft

Die Karten

Voraussichtliche Dauer der Ausflüge

 1 TAG mit dem Auto   Wanderung

 1 STD. mit dem Fahrrad   Fahrradtour

 2 STD. zu Fuß

 Weinberg   Hotel

 Weinhandlung   Aussichtspunkt

 Weinkellerei   historisches Gebäude

 Restaurant, Osteria   sakrales Gebäude

Gute Gründe für einen Besuch
Die Langhe jenseits des Mythos

Es ist völlig überflüssig, Ihnen die Gründe aufzulisten, die Sie dazu bewogen haben, diesen Reiseführer zu kaufen und eine Reise in die Langhe zu planen. Die Gründe kennen Sie selbst gut genug: den Barolo, die Trüffeln, die Romane von Pavese und Fenoglio, den Zauber nebliger Herbsttage in den Weinbergen, die bäuerliche Kultur, die Küche...
All diese Gründe sind bekannt und haben durchaus ihre Berechtigung.
Wenn Sie erlauben, möchten wir Ihnen einen weiteren vorschlagen, ein wenig komplex, aber durchaus reizvoll: Fahren Sie in die Langhe, um mit diesen alten Gemeinplätzen Schluß zu machen. Eine empfehlenswerte Erfahrung für jede Art von Reisen, die neben dem Gebrauch des Autos oder des Geldbeutels auch den des Kopfes vorsieht. Diese Art des Reisens ist, was die Langhe der heutigen Zeit anbelangt, fast unumgänglich. Streichen Sie die Vorstellung aus Ihrem Kopf, dort eine Bauernkultur vorzufinden, wie Sie sie aus Romanen kennen oder Menschen zu begegnen wie aus einem Gedicht von Pavese. Das Zeitalter der Maschinen hat selbst die höchste Festungsmauer der Hügel erreicht, und Sie laufen Gefahr, von der alten Atmosphäre nur noch die Fotos der Reiseprospekte zu finden. Ebensowenig dürfen Sie auch nur eine Sekunde daran denken, die kleine, versteckte Trattoria, das Lokal weit ab vom Touristenstrom zu entdecken: Alles hier ist schon geprüft, katalogisiert und beschrieben worden. Vertrauen Sie daher wohlgemut auf die guten Reiseführer, vermeiden Sie die eigenwilligen Ratschläge der Dorfpolizisten oder anderer diensthabender Experten. Außerdem hat die Kategorie der zwielichtigen Gasthäuser glücklicherweise in vielen Fällen einer neuen Ernsthaftigkeit, das heißt jüngeren, kulturell und wirtschaftlich orientierten Leuten, den Vortritt gelassen, die Sie mit ihrem Können überraschen werden. Es ist deshalb nicht nötig, sich auf die Suche zu machen nach Spinnweben, verräucherten Spelunken und unauffindbaren Pinten oder »Piole«, wie sie hier genannt werden.
Sie sollten auch vermeiden, die Weinkellereien nach einer Flasche reinstem Bauern-Dolcetto zu durchforsten. Die in mancher Hinsicht erstaunliche Entwicklung des Weinanbaus in den Langhe hat sicherlich den rustikalen Gaunereien bezüglich des Weines ein Ende bereitet und

erlaubt uns, besser zu trinken, unendlich viel besser als zuvor. Es genügt, sich den guten Weinkellereien anzuvertrauen und nicht zu hoffen, durch Zufall ins Schwarze zu treffen, in dem man hier und da in den Hügeln probiert. Glauben Sie bitte auch nicht, daß diese Dörfer von den Verwüstungen der Bauspekulation oder Industrialisierung verschont geblieben seien. Ihre Reise führt vorbei an den üblichen, unvermeidlichen Fabriken, Schornsteinen und Möbelgroßhandlungen, Häusern aller Stilrichtungen, entstanden im Wahn der sogenannten modernen Architektur unserer Zeit, an Bauernhöfen, die durch unsinnige Renovierungen verschandelt sind, an Dörfern, die erdrückt werden von den alptraumhaften Mietskasernen, die bedrohlich auf den Hügeln stehen.

Die Übung, sich keinen falschen Illusionen hinzugeben, erlaubt Ihnen jedoch, frei von allen Vorurteilen und mit klarem Kopf hier anzukommen, gewillt zu verstehen und vielleicht auch zu verzeihen. Auch wir, die wir in den Langhe leben, hätten die Zeit oft anhalten wollen, daß um den Preis des Elends und der Armut die Landschaft dieser Gegend für immer erhalten geblieben wäre, als eine Art Zuflucht vor den Metropolen. Aber die Wirklichkeit sieht anders aus. Also, auch wenn diese Gemeinplätze ständig präsent sind, beschweren sie nur Seele und Geist. Wenn Sie sie auslöschen, schärfen Sie Ihren Verstand, und es wird Ihnen bestimmt nicht an Gelegenheiten mangeln, sich überraschen und erfreuen zu lassen, vielleicht auch gerührt zu sein.

Ein Leitfaden

Der Barolo

»Das wichtigste Merkmal des Barolo ist sein Bouquet, das ihn von allen anderen Weinen unterscheidet: Sein Alkoholgehalt und seine Säuremenge machen ihn darüber hinaus – unabhängig vom Saisongeschäft – sehr geeignet für den Export.«

Das schrieb vor mehr als hundert Jahren Lorenzo Fantini über den Barolo in seiner Monographie über den Weinbau und die Weinkunde in der Provinz Cuneo. Schon zu dieser Zeit hatte der Barolo eine Führerschaft unter den italienischen Weinen erlangt dank Unterstützung des Hauses Savoyen und der wertvollen Studien und Forschungen, die auf seinem Boden durchgeführt wurden.

Damals schon versuchte man, nach dem französischen Modell eine Klassifizierung der besten Lagen einzuführen, und einige Namen (Cannubi, Brunati) setzten sich an die Spitze der Produktion. Dann

wurde viel Zeit verloren in der Förderung dieses Weines und dieses Anbaugebiets. Aber die wechselnden Geschicke des Barolo sind eng verbunden mit dem Wandel des Geschmacks in unserem Land. Und so ist das, was einst als Wert angesehen wurde (die Struktur des Weines, seine Kraft) heute für viele ein Grenzwert angesichts des neuen Mythos der Leichtigkeit. In Wirklichkeit entspricht die Veränderung des Geschmacks dem Wandel der sozialen und produktiven Gegebenheiten. Der Barolo hat sowohl für diese Geschmacksentwicklung als auch für die Unbeweglichkeit in den Produktionstechniken und die typisch piemontesische Liebe zu manchen nicht unbedingt positiven Charaktereigenschaften, vor allem für den Tanningehalt, bezahlt. In den letzten dreißig Jahren hat der Barolo wie ein alter König, voller Adelswürde, aber müde, dem hereinbrechenden Erfolg des

Barbaresco beigewohnt, einem unternehmungslustigen und ein wenig anmaßenden Prinzen. Er hat viele Namen, die ihn groß gemacht hatten, verschwinden sehen, charismatische Persönlichkeiten und dynamische Unternehmer: Cappellano aus Serralunga, Burlotto aus Verduno, Bressano von Fontanafredda und einige andere mehr. Aber wenn es stimmt, daß kein Unglück so groß ist, daß es nicht ein Glück in sich birgt, muß man nur von der traditionellen Sturheit der Piemontesen die zweifelsohne positiven Seiten dieser großen Tradition zu nutzen wissen. So kam es, daß die neue Generation, kaum hatte sie mit Entschlossenheit und den richtigen Investitionen präzise Entscheidungen in der Produktion getroffen, auch schon die Ergebnisse sah: Heute, wenn auch zwischen tausend Widersprüchen, erleben wir die Renaissance des Barolo. In den elf Gemeinden rechts des Tanaro, wo die Nebbiolo-Rebe des Barolo zu Hause ist, wurden aufmerksame und gewissenhafte Produzenten groß. Viele von ihnen sind Bauernsöhne mit frisch erstandenem Weintechnikerdiplom, angespornt von einem ausländischen Markt, der sich wohlwollend interessiert zeigt.

In dieser Renaissance ist es schwierig, dem Barolo eine klare Identität zu geben und die Nuancen und die Widersprüche zwischen alt und neu zu erfassen. Aber vielleicht leben wir in einer Zeit, wo das weite Spektrum zwischen Moderne und Tradition diesem Wein für die Zukunft nützlich sein kann. Wenn Sie Weinkellereien besuchen und mit Produzenten sprechen, werden Sie die unterschiedlichsten Ansichten, Vorstellungen und technischen Ideen erfahren. Angesichts dieses Individualismus in den Langhe ist es schwierig, zu einer klaren Erkenntnis zu kommen. Aber wenn man vielleicht gerade diese Unterschiede als ein Zeichen des Reichtums erkennt und die einzelnen Kennzeichen wahrnimmt, kann man zu neuen Ergebnissen gelangen: warum der Barolo aus Serralunga immer strukturreicher sein wird als sein Bruder aus La Morra; jener aus Verduno grundlegend verschieden von dem aus Monforte und so weiter.

Der Weintrinker muß verstehen, daß Mutter Natur uns verschiedene Jahrgänge wie auch verschiedene Früchte beschert und daß kein Wein so wie der Barolo an den Lauf der Zeit gebunden ist: Jeder Jahrgang hat verschiedene Trinkzeiten, so daß manchmal sogar jüngere trinkreifer sind als ältere, welche längere Reifezeiten benötigen.

Dieses Spiel der Jahrgänge, der Weinberge und der Produzenten wird die Liebhaber guten Weines wohl ewig faszinieren.

Historische Barolo-Etiketten

Sehen und verstehen

Die Pracht der großen Weinberge

Es ist ein wenig so, als wolle man einer Romanfigur, die man besonders geliebt hat, ein Gesicht geben oder als befände man sich vor Landschaften aus Erzählungen, die man als Kind gehört hat. Als Weinliebhaber die Erde des Barolo zu erkunden ist eine kleine Offenbarung. Es ist, als wolle man den Namen, die diese wertvollen (und teuren) Flaschen geprägt haben, einen Körper geben. »Cannubi«, »Brunate«, »Bussia« sind nicht mehr bloße Etiketten, sie werden Erde und Wein, in der Sonne verlorene Hügel, eine Kette perfekt aufgereihter Weinreben.

Die Ortsnamen der meisten großen Weinberge der Langhe (die Franzosen würden sie Cru nennen) tauchen schon im 14. und 15. Jahrhundert in den Dokumenten der Falletti, Feudalherren des Barologebiets, und der Kommunalverwaltung auf: Es handelte sich gewöhnlich um Mischkulturen, wo der Rebstock neben dem Getreide und dem Obstbaum gezogen wurde, wie es auch heute noch oft der Fall ist.

An den verschiedenen Farbschattierungen der Blätter kann man die Vielfalt der Reben erkennen.

Einige Lagen gelten als herausragend: Brinata und Mons Falletorum, aus denen dann Brinate oder Brunate und Monfalletto wurde, während Cannubbio und Cerequi in Aufzeichnungen aus dem Jahre 1676 in den Archiven »Opera Pia Barolo di Torino« auftauchen, die das gewaltige Vermögen der Falleti erbte. Von den Tausenden von Hektaren Barolo-Nebbiolo sind diese historischen Weinberge das Tüpfelchen auf dem »i«: Sie erbringen den besten Wein, der in den großen Jahrgängen durch breite Struktur und Bouquet besticht und auch in den weniger glücklichen Jahrgängen einen eigenen, würdevollen Charakter bewahrt. Dieser Führer beschreibt einige Routen durch die wertvollsten Weinberge, zu Fuß oder mit dem Fahrrad; aber die weniger Aktiven können einige Wege auch mit dem Auto zurücklegen.

Es ist lohnend, bis dorthin vorzudringen, vor allem im Herbst, zur Weinlese, die von Mitte September, wenn der Dolcetto reif ist, bis Ende Oktober, der Zeit des

Nebbiolo, stattfindet. Und direkt danach, wenn in den Langhe sich der Zauber der Farben entfesselt und entlang der weichen Umrisse der Hügel im klaren Licht der Sonnenuntergänge phantastische Farbspiele entstehen.

Wenn Sie zwischen den Weinbergen herumspazieren, werden Sie lernen, jene zu erkennen, die hier »Sorì « genannt werden; sie sind die wertvollsten, da dort die Sonne am besten hingelangt und der Schnee im Frühjahr deshalb am schnellsten schmilzt. Sie werden lernen, die Sorì des Morgens, die nach Osten zeigen, von denen des Mittags, die nach Süden gehen, und denen des Abends, die in Richtung Südwest zeigen, zu unterscheiden. Steigen Sie nach Serralunga hinauf, um einen erschöpfenden Überblick über die drei Typen zu bekommen.

Sie werden feststellen, daß die sonnigsten Hänge der Nebbiolorebe vorbehalten sind, welche zuletzt reift und der Barbera die besten Positionen streitig macht, während der Dolcetto und den Weißweinreben (Arneis, Favorita, Chardonnay) die kühleren Hänge zugedacht sind.

Auch die Höhe und die Beschaffenheit des Bodens spielen eine große Rolle. Von der mergeligen und kalkhaltigen Erde, die eine weißlich-graue Farbe hat, scheint der Wein den Saft zu saugen, der ihn charakterisiert: Ein Barolo aus La Morra ist sehr elegant, aromatisch und sinnlich. Jene aus Serralunga und Monforte, die auf einem sandigen Boden wachsen, bestechen durch ihre kräftige Struktur und ihren nachhaltigen Geschmack.

Die gesonderte Gärung der Trauben der einzelnen Weingärten zeigt entsprechende Ergebnisse. Der Winzer vermerkt auf dem Etikett die genaue Lage.

So wird aus der Verkostung von Barolo verschiedener Herkunft ein reizvolles und lehrreiches Spiel, denn man lernt sehr schnell, die verschiedenen Schattierungen in Duft und Geschmack zu erkennen.

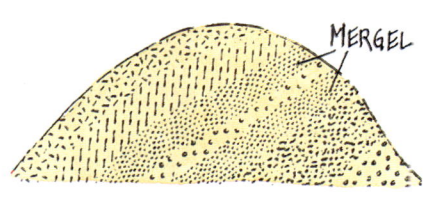

MERGEL

lockere Tonerde
Mergelschichten
Sandschichten
feste Sandschichten

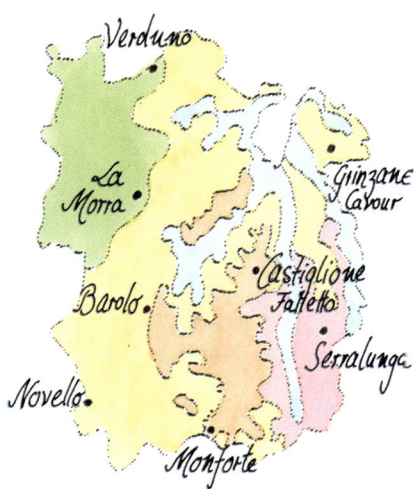

gips- und schwefelhaltige Formation
Mergel aus Sant'Agata
Sandstein aus Diano
Formation von Lequio
Schwemmerde

Oben: Die verschiedenen Erdschichten des Barolo-Anbaugebiets;
unten: Eine geologische Karte des Gebiets.

Die Routen

Alba ist wirklich das Herz der Langhe: Die Bewohner der Hügel (»Langhetti« genannt) kommen am Samstag zum Markt in die Stadt, um wichtige Käufe zu tätigen und um Geschäfte zu erledigen, oft auch wegen der höheren Schulen ihrer Kinder oder bloß zum Vergnügen. Geographisch liegt Alba direkt zu Füßen des weiten Bogens der Langhe und ist auch von den entlegensten Dörfern leicht erreichbar über ein Netz von Provinz- und Gemeindestraßen. Und Alba ist eine Stadt mit reicher und interessanter Vergangenheit, deren römische und mittelalterliche Spuren im Stadtbild leicht zu erkennen sind. Es lohnt sich, dieser Stadt und ihrer unmittelbaren Umgebung mindestens einen Tag zu widmen oder die Stadt gar zum Ausgangs- und Endpunkt der beiden empfohlenen Ausflüge zu machen.

Es gibt zwei empfehlenswerte Routen, um die Welt des Barolo zu entdecken: Die eine führt über Verduno und La Morra, mit einem kleinen Abstecher nach Pollenzo und Cherasco, nach Barolo; die andere hat Monforte als Ziel und führt über die Burgen von Serralunga, Castiglione Falletto und Grinzane Cavour. Dies sind jedoch nur Vorschläge, die variiert, reduziert, verlängert oder verknüpft werden können, ohne daß etwas von der Schönheit dieser Orte verlorenginge. Beide Strecken kann man mit dem Auto an einem Wochenende zurücklegen; um gemütlich zu reisen, sollte man allerdings drei Tage veranschlagen. Fahrradfreunde können auch ruhigere Straßen fahren. Die Provinz- und Dorfstraßen haben nur zwei Nachteile: Der Straßenbelag ist nicht immer perfekt, und es gibt viele Steigungen.

Jede Route sieht auch Spaziergänge vor, die aber nicht in Kilometern oder Zeitaufwand angegeben sind. Dafür sollten Sie vielleicht einen halben Tag mehr einplanen. Wir sind sicher, daß der Besucher, der einmal die Langhe des Barolo kennengelernt hat, sich für weitere Erkundungen eigene Routen zusammenstellen und sich dazu die Orte, die Burgen, die Gasthäuser, die Weinkellereien und die Hotels aussuchen wird, die ihn am meisten zufriedengestellt haben.

Denn in die Langhe kehrt man gerne zurück.

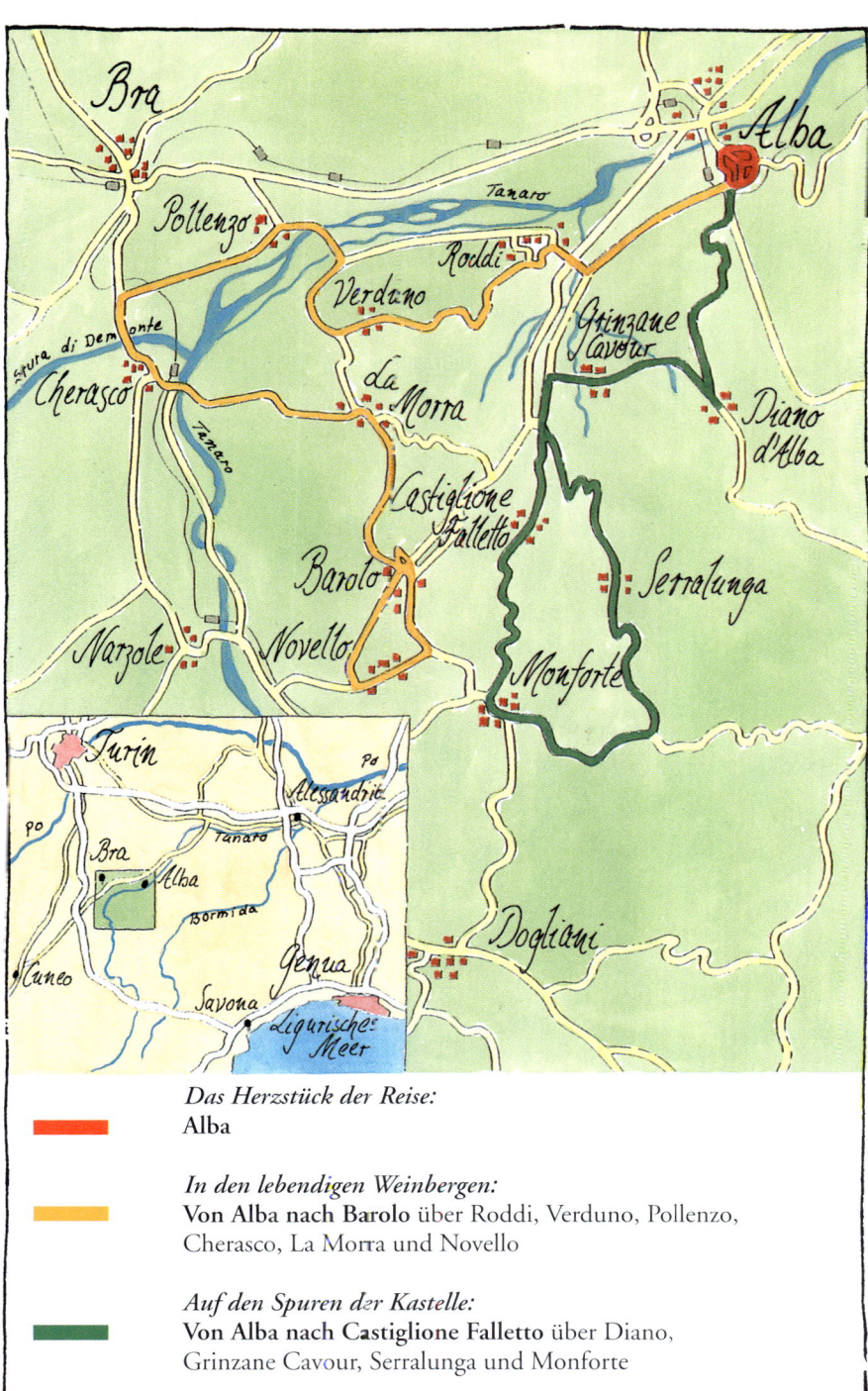

Das Herzstück der Reise:
Alba

In den lebendigen Weinbergen:
Von Alba nach Barolo über Roddi, Verduno, Pollenzo, Cherasco, La Morra und Novello

Auf den Spuren der Kastelle:
Von Alba nach Castiglione Falletto über Diano, Grinzane Cavour, Serralunga und Monforte

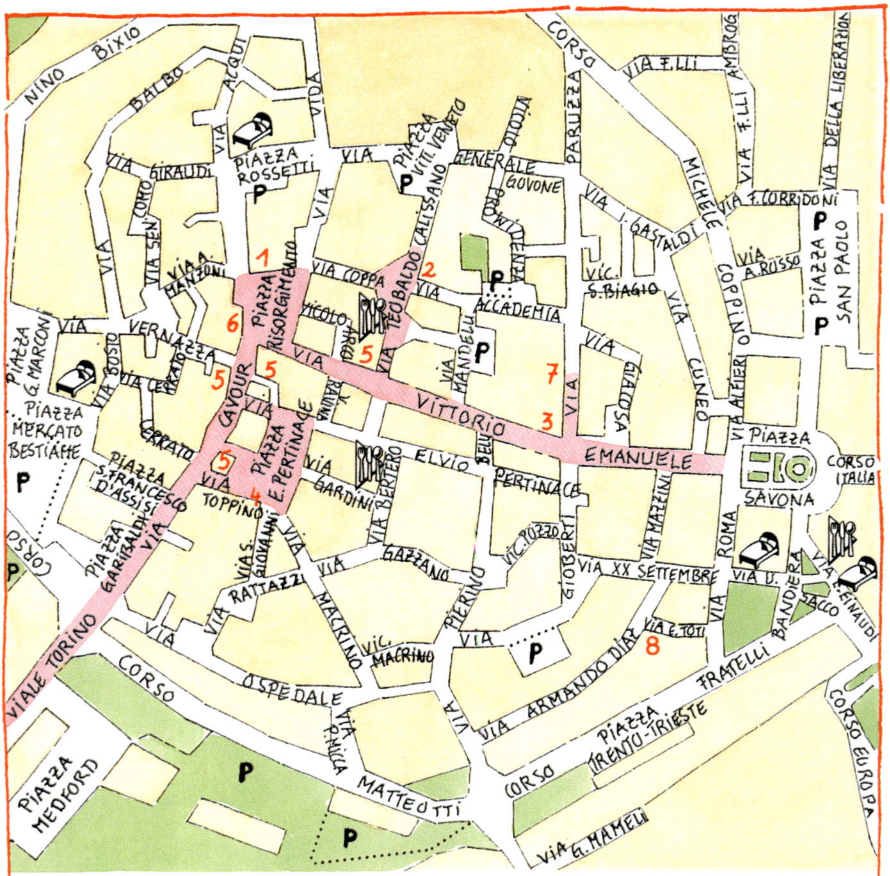

*Voraussichtliche
Dauer des Ausflugs:*

🚶   **1 TAG**

1   Cattedrale di San Lorenzo

2   Chiesa di San Domenico

3   Chiesa di Santa Maria Maddalena

4   Chiesa di San Giovanni

5   Mittelalterliche Türme

6   Rathaus

7   Volkskundemuseum

8   Sferisterio Mermet

Das Herzstück der Reise
Alba

E s gibt das Alba Pompeia der Cäsaren, prunkvoll und üppig, Geburtsort des Publius Aelvius Pertinax, Kaiser für 87 Tage. Und es gibt jenes mittelalterliche, das versuchte, ihm in Handel und Geschick nachzueifern. Dann gibt es die Stadt von Beppe Fenoglio, dem Schriftsteller des Elends der Langhe und des Partisanen-

Die Türme von Alba, die im Mittelalter Wahrzeichen der mächtigsten Geschlechter waren.

epos; und dann gibt es jene des Pinot Gallizio, experimentell und situationistisch. Aber heute zählt vor allem das Alba der Feinschmecker, des Weins und der Trüffeln, das im Oktober das Fest der Fiera del Tartufo feiert, wo sich vor den Hotels und Restaurants Schlangen multinationaler Gourmets drängeln. Es ist also besser, im November oder Dezember zu kommen: Man kann die milde Wärme der Trattorie und Weinkeller besser wahrnehmen und die Küche der Langhe besser genießen, deren kräftiger Geschmack auf die kälteren Monate abgestimmt ist; die Trüffeln sind dann auch noch besser und vielleicht ein wenig preisgünstiger als zur Fiera-Zeit.

TIPS & INFOS

Ausführliche Informationen finden Sie auf Seite 73ff.

ALBA

Einwohner: 29 750
Höhe: 172 m ü. d. M.
Postleitzahl: 12051
Vorwahl: 0173

Informationen

Azienda di promozione Turistica
Piazza Medford
Tel. 3 58 33

Ente Turismo e Manifestazione
Via V. Emanuele, 19
Tel. 36 28 07

Turismo in Langa
Associazione turistica
Arci Nova
Via Cavour, 16
Tel. 44 04 52
(Organisierte Ausflüge in die Langhe)

Von der älteren Geschichte Albas sind wenige Zeichen geblieben. Aus den ersten Ansiedlungen der Ligurer wurde, nach den Invasionen der Gallier und Römer, das älteste Beispiel einer befestigten Stadt in Piemont. Die Stadtanlage behält das zentrale Forum bei, das heute die Piazza Risorgimento darstellt (auch Piazza del Duomo genannt), welche sich an der Kreuzung der von Nord nach Süd und von West nach Ost verlaufenden Hauptachsen befindet. Die Ausgrabungen haben Teile eines Kanalisationsnetzes ans Licht gebracht, Spuren einer Pflasterung und den Sockel des Aquädukts, das entlang des Corso Savona und der Mauern in der Via Cuneo lief; in südlicher Richtung fand man eine interessante Nekropolis. Wer etwas mehr über Alba Pompeia erfahren möchte, dem empfehlen wir einen Besuch im städtischen Museum Eusebio in der Via Paruzza.

Gut erkennbar ist hingegen das mittelalterliche Alba mit seinen Back- und Ziegelsteinen, aus denen der Mauergürtel erbaut wurde. Er ist der römischen Mauer nach-

Der Glockenturm der Cattedrale di San Lorenzo.

gebaut, und innerhalb dieser Umgrenzung entwickelte sich die Stadt seit dem 12. Jahrhundert, nachdem sie mehrmals durch die Langobarden, Franken und Sarazenen zerstört worden war. Wer aus Turin oder Asti nach Alba kommt, kann das Auto am Stadteingang, an der Piazza Medford parken (hier, im Palazzo dei Congressi, befindet sich das Informationsbüro für Touristen) und durch die Via Cavour, die direkt zu der Piazza Risorgimento führt, in die Stadt gehen. Die Casaforte Riva, Hausnummer 13, und die Loggia dei Mercanti, Hausnummer 10, sind zwei schöne Beispiele für mittelalterliche Architektur. Auf halbem Weg öffnet sich rechts die Piazza Elvio Pertinace mit der Chiesa San Giovanni. Sie ist ein ursprünglich mittelalterliches Bauwerk, das im 19. Jahrhundert radikal renoviert wurde und im Innern einige wichtige Gemälde birgt: in der ersten Kapelle auf der linken Seite das Tafelbild Madonna delle Grazie aus dem Jahre 1377; in der dritten Kapelle links l'Adorazione del Bambino con Madonna e Santi, 1508.
Auf der linken Seite liegt die Casa Marro, einst »Castellaccio« genannt. Sie ist ein weiteres der zahlreichen Turmhäuser, die das Stadtbild bestimmten: aus Verteidigungsgründen erbaut und häufig (wie die erwähnte Casa Riva und Casa Fontana in der Via Vittorio Emanuele, auch Via Maestra genannt) reich mit Terracotta geschmückt. So zeigten sie auch offen die Macht und den Reichtum der bedeutendsten Geschlechter. Im Laufe der Jahrhunderte wurden viele durch Kämpfe unter den Familien und später durch Kriege, Naturkatastrophen und Umbauten zerstört. Heute sind noch etwa 20 übriggeblieben, einige davon unversehrt, der größte Teil aber niedriger gemacht und den anderen Gebäuden angepaßt.
Auf jeden Fall prägen sie noch immer sehr stark das Stadtbild: Die Türme zeigen sich dem Besucher, der die Umgehungsstraße nimmt oder vom Talboden der Langhe hinauffährt, rot gefärbt von den Strahlen der untergehenden Sonne oder fast leuchtend im ersten Morgenlicht.
Sie kehren in die Via Cavour zurück und erreichen die Piazza Risorgimento, die überragt wird von der Cattedrale di San Lorenzo und dem Palazzo del Comune. Auf seiner Stirnseite erinnert eine Gedenktafel daran, daß Alba im Jahre 1680 nach dem Sturm auf die Stadt 100 Häuser restaurieren ließ, fest entschlossen, sich nie wieder bezwingen zu lassen. Entlang der Freitreppe gibt es Fresken aus dem 14. und 15. Jahrhundert, die aus der

ÜBERNACHTEN

Hotel Ave
Via Einaudi, 5
Tel. 36 12 56

Albergo Leon d'Oro
Piazza Marconi, 2
Tel. 44 19 01

Motelalba
Corso Asti, 5
Località Rondò
Tel. 36 32 51

Albergo Piemonte
Piazza Rossetti, 6
Tel. 44 13 54

Albergo Savona
Via Roma, 1
Tel. 44 04 40

Azienda agrituristica
Reiné-La Meridiana
Località Altavilla, 19
Tel. 44 01 12

ESSEN

Osteria dell'Arco ★
Piazza Savona, 5
Tel. 36 39 74
Sonntags geschlossen

Daniel's Al pesco fiorito
Corso Canale, 28
Tel. 44 19 77
Dienstags geschlossen

Porta San Martino
Via Einaudi, 5
Tel. 36 23 35, 28 38 66
Montags geschlossen

Il Vicoletto ★
Via Bertero, 6
Tel. 36 31 96
Sonntagabend und montags geschlossen

Osteria Italia
Località San Rocco Seno d'Elvio, 6
Tel. 44 15 47
Montags geschlossen

EINKAUFEN

Barolo Chinato, Torrone
Drogheria Carosso
Via V. Emanuele, 23

Typische Süßigkeiten
Pettiti
Via V. Emanuele, 25

La Casa del torrone
Io, tu e i dolci
Piazza Savona, 12

Cignetti
Via V. Emanuele, 3

Grappe
Distilleria Santa Teresa
Case Sparse, 35
Mussotto d'Alba

Handgerollte Grissini
Panetteria Tarable
Via V. Emanuele, 6

Trüffeln
Mercato del cortile della Maddalena
Via V. Emanuele
Von Oktober bis Dezember
jeden Samstagmorgen

Tartufi Ponzio
Via V. Emanuele, 26

Polleria Ratti
Via V. Emanuele, 18

Aldo Martino
Via V. Emanuele, 27

Tartufi Morra
Piazza Elvio Pertinace, 3

Wein
Enoteca Fracchia
Via Vernazza, 9

'I crotin
Via Cuneo, 3

Grandi vini
Via V. Emanuele, 1/A

Chiesa di San Domenico stammen. Im Sitzungssaal wird ein Gemälde von Macrino d'Alba aus dem Jahre 1501 aufbewahrt, welches die Jungfrau auf dem Thron mit Kind und Heiligen darstellt und ein Gemälde von Mattia Preti – das Piccolo Concerto des 17. Jahrhunderts – sowie ein Altarbild aus dem 16. Jahrhundert von einem unbekannten Künstler.

Eine Seite der Piazza schließt die Cattedrale di San Lorenzo mit ihrer Ziegelfassade ab, die ein Ergebnis der Umbauten aus dem 19. Jahrhundert an den ursprünglichen spätgotischen, lombardischen Ausführungen ist. Bemerkenswert sind die drei romanischen Portale, die trotz verschiedenster Umbauten unversehrt erhalten sind. Ihre mit Figuren und Dekorationen versehenen Kapitelle führen uns ins 12. Jahrhundert zurück, als der Dom entstand. Auf der Fassade befindet sich in der Mitte die Statue von San Lorenzo aus der zweiten Hälfte des letzten Jahrhunderts, umrahmt von den vier Symbolen der Evangelisten, deren vier Initialen den Namen der Stadt ergeben: der Engel (Angelo) des Matthäus und der Löwe (Leone) des Markus auf der linken Seite, der Stier (Bove) des Lukas und der Adler (Aquila) des Johannes auf der rechten. Im Innern des romanischen Glockenturms wird noch die ursprüngliche Turmglocke aufbewahrt. Dies ist der älteste Teil eines Bauwerks, das wiederholt umgebaut wurde: das erste Mal 1486, dann 1652 infolge der Einstürze, die durch die Erdbeben des Jahres 1626 verursacht wurden, als die Kathedrale ihre heutige Form des römischen Kreuzes erhielt. Die letzten einschneidenden Veränderungen wurden im Jahre 1868 vorgenommen. Im Innern ist vor allem der hölzerne Chor bemerkenswert: 35 Chorstühle mit feinst ausgearbeiteten Szenen aus dem Stadt- und Dorfleben, religiösen und weltlichen Objekten.

Wenn man aus dem Dom heraustritt – vielleicht im Anschluß an eine kleine Rast in dem traditionsreichen Café Calissano mit seiner Theke aus der Jahrhundertwende und einem mit Fresken geschmückten Gewölbe – befindet man sich in der Via Vittorio Emanuele II., genau gegenüber dem Palazzo del Comune. Wir befinden uns im ältesten und belebtesten Teil der Stadt, der zum Flanieren und Einkaufen einlädt und das Bild der genußsüchtigen Stadt Alba nur bestätigt: Trüffelläden und Konditoreien, Weinhandlungen und Feinkostgeschäfte, verführerische Düfte und Farben, die sich durch mittelalterliche Gebäude und Jugendstilhäuschen fortsetzen. Samstags wird hier noch heute Markt gehalten; den sollten Sie auf keinen Fall versäumen. Betrachten Sie die Casa Fontana auf Hausnummer 11 mit dem bemerkenswerten, für die Renaissance typischen Fries, mit Tafeln aus Ton, auf denen sich zwischen Blumengirlanden ein Reigen von Musikanten, Hofdamen und Kavalieren schlängelt. Ebenso interessant sind der Palazzo Serralunga (an der Ecke zur Via Belli) und der Palazzo Conti Belli, Hausnummer 18.

Hinter dem eindrucksvollen Vicolo dell'Arco, mit der gleichnamigen Osteria von Arcigola Slow Food, erreicht man über die Via Calissano, die Chiesa di San Domenico. Das Bauwerk, heute Saal für Konzerte und Ausstellungen, geht auf das 13. Jahrhundert zurück und war einmal Teil einer der zahlreichen Klosterkomplexe, die die Entwicklung Albas vom 12. bis 13. Jahrhundert charakterisieren. Der klare gotische Stil des Gebäudes zeigt sich vor allem an der Vorderseite und an dem schönen Portal mit den eleganten kleinen Säulen aus Sandstein und Ziegelsteinen in wechselnden Streifen. Der

Peccati di gola
Via Cavour, 11

Kaffee und Aperitif
Caffè Calissano
Piazza Duomo, 3

Bar Corallo
Piazza Savona, 3/C

Caffè Rossetti
Piazza Rosetti, 4

La Torre
Via Cavour, 13

Bar Umberto
Piazza Savona, 4

Caffè Vergnano
Via Cavour, 11
Ecke Via Macrino

Innenraum hat viele Beschädigungen über sich ergehen lassen müssen, angefangen im Barock, als ein großer Teil der Fresken aus dem 16. Jahrhundert durch die Öffnung der beiden Seitenkapellen zerstört wurde, dann während der Napoleonischen Zeit, als er als Stallung genutzt wurde, und auch noch später im 19. Jahrhundert. Bei den gegen Ende der siebziger Jahre begonnenen Restaurierungsarbeiten wurde der Terracottaboden wieder in seinen Originalzustand gebracht.

Zurück in der Via Maestra, trifft man ein wenig weiter vorn auf der rechten Seite auf die Chiesa della Maddalena. Ihre Fassade aus getriebenen Backsteinen, unvoll-

Die Delikatessenläden bieten alles für eine genußreiche Rast auf den Spaziergängen durch Alba.

WEINKELLEREIEN

Unsere Adreßempfehlungen finden Sie auf Seite 76.

Ein Spiel namens Pallone Elastico

Gespielt wird auf einem sogenannten »Sferisterio«. Es handelt sich um eine Art Tennis, die Punktezählung ist gleich. Es gibt jedoch nur eine imaginäre Grundlinie. Schlägt man den Ball über diese Linie hinaus, gewinnt man einen Punkt, statt ihn zu verlieren: das ist die berühmte »Intra«, die höchste Wertung, die man bei diesem Ballspiel erreichen kann. Der Spieler hat die Möglichkeit, den Punktgewinn auf das nächste Spiel zu verschieben, indem er auf dem Spielfeld auf die Stelle, wo der Ball gelandet ist, vorrückt. Das nennt man »Caccia«. Das sind die Regeln des Spiels. Doch selbst Ingenieure, Journalisten, Forscher und Gelehrte, die auf ihrer Reise durch die Langhe die Atmosphäre auf einem »Sferisterio« mitbekommen wollen, kleben mit ihren Augen am Ball und fragen nach drei Stunden Spiel, ausgiebigsten Erklärungen und der x-ten Caccia mit einem Lächeln: »War das jetzt nicht ein Punkt?« Nur nicht verzweifeln. Wer nicht schon als Kind den Rauch schwerer Zigarren, gesunden Schweißes und sengender Sonne an einem Sonntagnachmittag auf einem Sferisterio oder irgendeinem Platz in den Langhe eingeatmet hat, wird sich dieses Spiel nie zu eigen machen können. Es ist ein langsamer und unerbittlicher Mechanismus, ein Spiel, wie das Leben auch. Vielleicht werden Sie zufällig den Regeln näherkommen, vielleicht werden Sie sich von manchem schnellen Ballwechsel hinreißen lassen können, eine vorsichtige Wette abgeben, aber Sie werden dieses Spiel nie wirklich verstehen.

Heute sind einige Regeln geändert worden, um manche Ballwechsel zu vereinfachen. Bis vor wenigen Jahren waren die feierlichen »Spaziergänge« der vier Spieler in langen, weißen Hosen, die beständig das Feld wechselten, um sich eine Caccia nach der anderen zu liefern, das übliche Ritual. Das warf bei den Touristen natürlich eine weitere Frage auf: Wie kann man in diesem Aufzug Sport treiben? Die Antwort: Wer hat denn gesagt, daß das ein Sport ist? Dieses Problem wurde gelöst: Heute spielt man einfach in kurzen Hosen. Manchmal dauert ein Match sechs, sieben Stunden. Immer auf den Beinen, eingekreist von einer bunten, aber begeisterten Meute, besessen von den Rufen der Buchmacher und dem ständigen Kommen und Gehen der Verkäufer von Eisgetränken, kann die Konzentration schon mal nachlassen.

Das Spiel des Pallone Elastico sieht eben keine Vermittlung vor. Ich erinnere mich an meinen Großvater, der mich, als ich noch sehr klein war, zu den Spielen mitnahm. Er dachte nicht im Traum daran, mir das Spiel zu erklären. Wenn ich eine Frage stellte, seufzte er nur und murmelte unwillig: »Hast du denn keine Augen?« Folgen auch Sie dem Rat meines Großvaters, wenn Sie sich auf die Reise in die Langhe begeben: Reißen Sie die Augen weit auf und lassen Sie sich von den Gesichtern anstecken, von den Farben, vom Klang des Dialekts, von der Schönheit des einen oder anderen Ballwechsels. Und denken Sie daran, daß Sie auf diesem Rechteck der Langhe, dem Spielfeld, eine der wahrhaftigsten und wichtigsten Traditionen dieses Landes erleben.

(Piero Sardo)

endet und ein wenig grob, steht im Kontrast zu einem sehr gekünstelten, mit farbigem Marmor überladenen Inneren. Aus dem 13. Jahrhundert stammend, zeigt sie sich heute im Gewand des 18. Jahrhunderts, ein Werk des berühmten Baumeisters Bernardo Antonio Vittone. Vom Hof (in der Saison wird hier der Trüffelmarkt abgehalten, Eingang von der Via Maestra), gelangt man zum Chor (zu besichtigen nur bei Ausstellungen oder auf Anfrage im Sekretariat der Stadtbibliothek) mit intarsiengeschmückten Chorstühlen aus Nußbaumholz und barocken Deckenfresken.

Seitlich der Kirche entlang kommt man zum Eingang des Museo Civico Federico Eusebio, das wie die Bibliothek zu den zahlreichen Klostergebäuden Albas gehörte. 1897 als archäologische Sammlung gegründet, wurde es 1976 um die Abteilung für Naturwissenschaften ergänzt. Römische Gedenkplatten, komplette Ausgrabungen von Gerätschaften, Amphorensammlungen, Weingefäße und andere Gegenstände des täglichen Gebrauchs werfen ein klares Licht auf die Frühgeschichte der Stadt, die schon in der Jungsteinzeit eine Siedlung war und dann ein wichtiges »Oppidum« der Römer wurde. Im naturwissenschaftlichen Teil präsentiert der geologische Saal Sammlungen der Paläontologie, mit Fossilien aus den Langhe und dem Monferrato, und der Mineralogie. Nicht uninteressant sind auch die Säle, die der Zoologie und der Botanik gewidmet sind. (Via Paruzza 1/A, Tel. 29 00 92, Öffnungszeiten: 9-12 Uhr; 15-18 Uhr; Sonntag, Montag, Freitag nachmittag und an Feiertagen, die auf Wochentage fallen, geschlossen. Eintritt frei.)

Die Via Maestra mündet in die Piazza Savona, wo sich das gleichnamige Hotelrestaurant befindet; in den 50er und 60er Jahren war es unter dem legendären Wirt Giaco Mora der Treffpunkt für Trüffelliebhaber.

Wenige Schritte von der Piazza entfernt in der Via Toti, Hausnummer 3, befindet sich der »Sferisterio« Mermet, wo »Pallone Elastico« gespielt wird, ein tradioneller Sport der Langhe (s. Kasten auf Seite 22).

Gian Giacomo Alladio, auch Macrino genannt (1470-1528), war eine bedeutende Figur der Renaissancemalerei in Piemont. Er wurde durch die Bologneser Schule und Perugino beeinflußt. Seine Arbeiten aus den Jahren 1494-1513 befinden sich in Alba in der Chiesa di San Giovanni und im Palazzo del Comune (auf diesem Foto: »Anbetung des Kindes«). Sein Meisterwerk befindet sich in der Pfarrkirche von Neviglie (ebenfalls in den Langhe, nicht weit von Alba entfernt): das Bild »Hochzeit der Heiligen Katharina« drückt am besten seine Vorstellung von Malerei aus. Weitere seiner Werke befinden sich im Museo d'Arte Antica in Turin und in der Certosa von Pavia.

Weiß, selten und duftend

Wir sind der festen Überzeugung, daß die weiße Trüffel aus Alba die beste von allen ist. *Tuber magnatum pico* ist der wissenschaftliche Name eines unterirdisch wachsenden Pilzes, der in Symbiose mit den Wurzeln verschiedener Bäume wächst: Eichen, Weiden, Pappeln und Linden. Der Name geht zurück auf den Turiner Arzt Pico, der ihn als erster im Jahre 1788 beschrieb. Seine Sporen keimen und wachsen im Kontakt mit den Wurzeln. Der Baum spielt also eine wichtige Rolle: Die »Trifolao«, die Trüffelsucher, merken sich die Bäume, die fast immer zur gleichen Zeit die wertvolle unterirdische Frucht schenken. Sie hüten ihre Geheimnisse und machen sich nur des Nachts mit ihrem Hund auf die Suche, um nicht von Konkurrenten überrascht zu werden. Die Taschenlampe schalten sie erst am Fundort an. (Man erzählt sich, daß ein »Trifolao« seiner Familie erst an seinem Sterbebett seine Fundorte verriet.) Mit einem präzisen Befehl und einem Stück Brot zur Belohnung gebieten sie ihrem Mischlingshund kurz vor dem Ziel Einhalt, wenn er mit seinen Pfoten die Erde aufwühlt und die Trüffel zerstören könnte.

Der »Trifolao« entfernt behutsam die Erde rund um die Trüffel und hebt sie dann mit den Händen aus, um sie sofort an die Nase zu führen. Der Duft ist das wichtigste bei einer Trüffel, dann kommen Festigkeit und Elastizität und natürlich die Größe. Ihre Beschaffenheit ist abhängig von den Baumwurzeln. Die Eiche bringt eine dunklere, knorrige und schwerere Trüffel hervor. Sie ist die gefragteste. Die Trüffel der Pappel dagegen ist deutlich glatter und weißer.

Die Geschichte überliefert uns Namen berühmter Trüffelsucher. Zum Beispiel Giuseppe Vivalda aus Monchiero, auch Copa genannt, oder sein Bruder Giovanni, dem das Bahnhofsrestaurant gehörte. Er macht sich auch heute noch zu früher Stunde mit seinem Hund auf. Bekannt sind auch die Gebrüder Oberto aus La Morra, die auch Gidio genannt werden. Gemeinsam ist allen die Genußsucht und der Ehrgeiz, die größte Trüffel auszugraben, um sie anläßlich der »Fiera del Tartufo«, die jedes Jahr im Oktober in Alba stattfindet, einer wichtigen Persönlichkeit zu überreichen. Staatsoberhäupter, Päpste und Künstler aus aller Welt haben schon von diesem edlen Wettstreit profitiert; er ist Giacomo Morra zu verdanken, dem größten Trüffel-Sponsor, den Alba je gesehen hat.

Die »Trifolao« haben sich zu einem Schutzverband zusammengeschlossen, dessen Sitz in Alba ist, wo sich auch die »Associazione Nazionale Città del Tartufo« befindet. Hier wurde die Anerkennung von DOC-Marken für dieses unterirdische Juwel eingeführt, das in Italien in immerhin sieben Versionen, die schwarze Trüffel inbegriffen, vorkommt. Die weiße Trüffel aus Alba wird frisch und roh verzehrt. Mit dem Trüffelhobel wird sie in hauchdünne Scheiben geschnitten, denn nur so kann sie ihr volles Aroma entfalten. Sie paßt gut zur Fonduta (einem warmen Käsegericht), zum Spiegelei, aber auch zu Tagliatelle mit zerlassener Butter und Salbei. Manche hobeln sie auch über den Risotto, die Carne cruda (eine Art Tatar) und einen Salat mit einheimischen Pilzen. Es ist Verschwendung, sie für reichhaltige Gerichte wie Schmorbraten, Civet, Bagna caoda oder Gerichte mit ausgeprägtem Geschmack und Duft zu verwenden. In den Langhe sagt man, daß die Trüffel den Körper erwärmt – daher auch ihr Ruf als Aphrodisiakum.

Der Herbst ist die beste Jahreszeit, um ihren Geschmack schätzen zu lernen, denn sie wird in der Regel von Ende September bis Ende Oktober gesammelt. Um sie einige Tage frisch zu halten, wird sie in ein rauhes, dickes, luftdurchlässiges Papier oder ein Stofftuch eingewickelt, das jeden Tag gewechselt werden muß, und an einem frischen Ort oder dem weniger kalten Teil des Kühlschranks aufbewahrt. Die Trüffel muß atmen können, und daher ist es nicht empfehlenswert, sie in ein Glasgefäß einzusperren. Sie können die Trüffeln auch außerhalb der Saison im Handel finden: Dann sind sie durch Erhitzen in Flüssigkeit sterilisiert und werden in diesem Saft konserviert. Sie verlieren natürlich an Aroma und Frische, schmecken aber immer noch sehr gut.

Eselrennen

Am ersten Oktobersonntag findet das Eselrennen statt, an den beiden darauffolgenden ist die »Fiera del Tartufo« im vollen Gange.

Daß hier seit mehr als 60 Jahren Esel statt Pferde an den Start gehen, ist ein kleiner Racheakt an der Nachbarstadt Asti, die im Jahre 1275 ihren Palio direkt unter den Mauern der besiegten Stadt Alba abhielt. So findet alljährlich zur selben Zeit unter dem Gelächter der Zuschauer der spaßhafte Wettkampf der Esel aus den sechs Stadtteilen statt. Zuvor zieht der Kostümzug »Giostra delle Cento Torri« durch die Stadt.

Die Fiera feiert alljährlich den Kult um den weltberühmten unterirdisch wachsenden Pilz, der immer seltener und teurer wird, sei es wegen des wahllosen Einsatzes

von Pflanzenschutzmitteln oder der Verödung der Landschaft. Auch die immer kleiner werdende Zahl der Trifolao, der Trüffelsucher, trägt dazu bei, daß der Handel mit Trüffeln zurückgeht.

Ein Kilo Trüffeln kostet ein mittleres Monatseinkommen, daran hat sich seit der ersten Trüffelmesse im Jahre 1929 nichts geändert. Die heutige Veranstaltung hat jedoch Mühe, trotz der Fülle von interessanten Angeboten beim Essen und Trinken, ihr eigenes Gesicht zu finden.

Ausgangsort:
ALBA

Zielort:
BAROLO

Länge:
42 KM

*Voraussichtliche
Dauer des Ausflugs:*

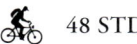 36 STD.

48 STD.

Von Alba nach Barolo
über Roddi, Verduno, Pollenzo, Cherasco, La Morra
und Novello

Abstecher:

LA MORRA, BAROLO UND
NOVELLO

In den lebendigen Weinbergen

Von Alba nach Barolo

Wenn Sie von Alba aus die Provinzstraße nach Barolo einschlagen, biegen Sie, bevor Sie das Zentrum von Gallo Grinzane erreichen, rechts in Richtung Bra ab; kurz danach fahren Sie links den Hügel hinauf und kommen in das Dorf **Roddi**. Sie haben gerade das fruchtbare Flachland der Talsohle, die von dem Fluß Tanaro bewässert wird, verlassen. Der Name Roddi stammt von dem keltischen Wort »rauc« oder »rod«, was »Fluß« bedeutet. Die Gegend ist Historikern bekannt wegen zweier berühmter Schlachten: die sogenannte Schlacht der »Campi Raudii«, in der der römische Feldherr Marius im Jahre 101 vor Christus die Kimbern besiegte, und jene, in der Stilico im Jahre 403 nach Christus die Goten von Alarich besiegte.

Von den glorreichen Zeiten der Römer ist im Ort nichts erhalten. Ein interessantes mittelalterliches Relikt hingegen ist das Kastell, mit dessen Bau um das Jahr 1000 begonnen wurde. Schließlich gelangen Sie auf die Piazzetta del Municipio, den wohl friedlichsten und eindrucksvollsten Platz in Roddi. Den Hintergrund bildet die anmutige spätbarocke Fassade der Pfarrkirche der Heiligen Jungfrau, während seitlich das Gemäuer des Kastells mit seinen beiden Türmen aus dem 12. und 15. Jahrhundert hervorragt. Der historische Kern klammert sich um eben jene und den Glockenturm aus dem 13. Jahrhundert; die kleinen Straßen sind konzentrisch angelegt. Durch die Ruhe, die selten von einem lärmenden Auto oder dem lauten Spiel der Kinder gestört wird, wirkt alles sehr beschaulich. Der einzige Schönheitsfehler ist der Betonwasserbehälter, über den die Gärten bewässert werden.

Sie verlassen Roddi und fahren die sanfte Steigung etwa 4 Kilometer bis nach **Verduno** hinauf. Auf dieser engen Nebenstraße sollte man langsam fahren. Kaum haben Sie Roddi hinter sich gelassen, werden schon die großen Nebbiolo-Weinberge sichtbar. Auf der Hälfte der Strecke taucht auf der rechten Seite die Lage Monvi-

TIPS & INFOS

Ausführliche Informationen finden Sie auf Seite 94f.

RODDI

7 Kilometer von Alba
Einwohner: 1024
Höhe: 284 m ü. d. M.
Postleitzahl: 12060
Vorwahl: 0173

Informationen
Municipio
Tel. 61 50 01

ÜBERNACHTEN

Enomotel Il Convento
Via Cavallotto, 1
Tel. 615 28 86

ESSEN

La Crota
Via Principe Amedeo, 1
Tel. 61 51 87
Montagabend und dienstags geschlossen

Sotto il Castello
Via Abrate, 13
Tel. 61 51 94
Mittwochs geschlossen

Trattosteria Gogabigoga
Piazza Caduti, 1
Tel. 61 54 54
Dienstags geschlossen

TIPS & INFOS
Ausführliche Informationen finden Sie auf Seite 97f.

VERDUNO

11 Kilometer von Alba
Einwohner: 450
Höhe: 381 m ü. d. M.
Postleitzahl: 12060
Vorwahl: 0172

Informationen
Municipio
Tel. 47 01 21

ÜBERNACHTEN

**Albergo Real
Castello di Verduno**
Via Umberto, 9
Tel. 47 01 25

gliero auf. Monvigliero ist einer der historischen Weinberge von Verduno, bekannt und berühmt für seinen Barolo. Ein Barolo gelangte auf der Nordpolexpedition des Herzogs der Abruzzen im Jahre 1900 sogar bis in die Arktis. Wer keine Eile hat und sich die Beine vertreten möchte, dem empfehlen wir einen kleinen Spaziergang auf dem Monvigliero. Schön ist die Aussicht, die hier geboten wird: Im Osten sieht man zum ersten Mal die Weinberge der Langhe, weit und ruhig ausgebreitet, angefangen mit den Lagen Breri und San Lorenzo, dann erheben sich weitere Weingärten an den Hängen von Santa Maria, bis sie am Horizont mit den Hügeln von La Morra zusammentreffen; im Westen das Tal des Tanaro mit dem gegenüberliegenden Kastell von Santa Vittoria und zu seinen Füßen die Großkellerei Cinzano; und dann die wellenförmige Anlage der Hügel des Roero – auch diese sind ein Stück Erde voll mit Geschichte und Wein.

Wenn Sie schließlich in Verduno angelangt sind, treffen Sie auf die Piazza del Castello. Das Kastell wurde Mitte des 18. Jahrhunderts erbaut. Es ging an den Senat von Turin, um in ein Krankenhaus umgewandelt zu werden. Dann wurde es im Jahre 1838 von König Carlo Alberto gekauft. Nach Vorstellungen des Königs sollte daraus ein Modell-Weingut werden – ein Versuch, dem nachzueifern, was die Marchesi Falletti im benachbarten Barolo bewerkstelligt hatten. Der General Staglieno, ein begeisterter Anhänger der Weinkunde, machte sich ans Werk, und so kam einer der ersten Baroli der Geschichte

Hunde-Universität

Roddi war einst für ein auf der ganzen Welt einzigartiges Schulungszentrum bekannt: die Universität für Trüffelhunde. Sie wurde im Jahre 1880 von Antonio Monchiero, einem ausgezeichneten Trüffelsucher, gegründet. Im piemontesischen Dialekt sagt man »Trifolao« (Trifolo bedeutet eben Trüffel). Er wurde Baròt I. genannt, um ihn von seinem Sohn Baròt II. zu unterscheiden, der in die Fußstapfen seines Vaters trat und diese Schule für Mischlingshunde in der ganzen Welt bekanntmachte. Im Jahre 1960 erlosch die Baròt-Dynastie, und die Bauernhofuniversität mußte ihre Pforten schließen. Ein Chronist aus dieser Zeit schrieb, daß die Schule auf lediglich drei didaktischen Hilfsmitteln basierte: dem Fasten, einem nach Trüffeln riechenden Lappen und einem Stück Brot. Um ersteres zu beenden und letzteres zu bekommen, mußte der Hundestudent das mittlere finden.

aus den Kellern des Kastells. Es ist auch heute noch intakt und dient als Weinlager. Aber für den Gott sei Dank größenwahnsinnigen König, der zu jener Zeit 14 Güter, verstreut zwischen Verduno, Roddi, Santa Vittoria und Bra, besaß, wurden diese Weinkeller ein wenig eng: Er verlegte sie in die Agenzia di Pollenzo und ins Moscatello di Santa Vittoria, und das Kastell wurde zum Landsitz der königlichen Familie. Die Jahre vergingen, und das Gebäude verwaiste fast , bis es im Jahre 1910 von dem Commendatore Giovan Battista Burlotto, einem

Trompe l'oeil und Trophäen an der Fassade der Weinkellerei G. B. Burlotto.

der Väter des Barolo, gekauft wurde. (Kurios ist die Fassade seines antiken Weinkellers in der Via Vittorio Emanuele 28, die mit den Trophäen geschmückt ist, die er auf Weinausstellungen in aller Welt gewonnen hat.) Heute ist dort ein Hotel mit Restaurant untergebracht, in dessen Sälen und Räumen man die Atmosphäre der alten Zeiten noch spüren kann.

Auf der Piazzetta vor dem Kastell zeigt sich die spätbarocke Pfarrkirche San Michele Arcangelo. Im Inneren, wo die feierliche Atmosphäre bis heute bewahrt geblieben ist, hängt das Porträt des seligen Sebastiano Valfré, der wahre Stolz des Dorfes, in dem er in der ersten Hälfte des 17. Jahrhunderts geboren wurde. Er war Kaplan am Hofe des Savoyenkönigs Vittorio Amedeo II. und begleitete den König auf alle Schlachtfelder. Im Jahre 1706, während der Belagerung Turins durch die Franzosen, tat er sich besonders hervor, indem er das Militär und die Bevölkerung zum Widerstand aufrief. Die Menschen hier verdanken ihm aber vor allem, daß

ESSEN

Real Castello di Verduno ★
Via Umberto, 9
Tel. 47 01 25
Kein Ruhetag

John Falstaff ★
Via Schiavino, 1
Tel. 47 02 44
Montags geschlossen

EINKAUFEN

Grissini und Gebäck
Panetteria Corino
Via V. Emanuele, 16

Wurstwaren
Macelleria-salumeria Fava
Via Umberto I, 34

WEINKELLEREIEN

Fratelli Alessandria
Via Beato Valfré, 59
Tel. 47 01 13

Bel Colle
Borgata Castagni, 56
Tel. 47 02 96

Antonio Brerio
Via V. Emanuele, 17
Tel. 47 01 52

Andrea Burlotto
Via Laneri, 6
Tel. 47 01 52

**Commendator
G. B. Burlotto**
Via V. Emanuele, 28
Tel. 47 01 22

Castello di Verduno
Via Umberto I, 1
Tel. 47 01 25, 47 02 84

er die Pelaverga-Rebe in diese Hügel gebracht hat, für
die Verduno bekannt ist. Mit dem Pelaverga-Wein wird
hier auch eine Salami hergestellt: Sie können diese und
andere gute Wurst und Fleischwaren in der Metzgerei
Fava, einige Schritte vom Kastell entfernt, kaufen.
Aber der phantastischste Ort in Verduno ist seine grasbewachsene Piazza, zu der man nur zu Fuß, vom darüberliegenden Platz des Kastells aus, gelangt. Der Belvedere – so wird der Platz hier genannt – bietet dem
Besucher das gesamte Szenario der Langhe und zugleich
den Zauber eines erholsamen, schattigen, ruhigen Ortes.
Hier zeigt das Dorf, mehr als anderswo, seine friedliche
Seele und liebliche Lage zwischen den »blühenden Hügeln«, auf die sein keltischer Name schon hinweist.

Die grasbewachsene Piazza von Verduno.

Von Verduno aus lohnt es sich, einen kleinen Umweg
von sieben Kilometern über die Provinzstraße Richtung
Bra, nach **Pollenzo** zu machen. Wenn Sie die Brücke des
Tanaro überqueren, erblicken Sie zu Ihrer Linken zwei
Pfeiler im neo-maurischen Stil: Sie stützten einst eine
Hängebrücke aus Eisen und Holz, ein Schmuckstück
der Brückenarchitektur des 19. Jahrhunderts, das wäh-
rend des letzten Weltkrieges zerstört wurde. Vittorio
Emanuele II. wollte hier eine Kopie des »Pont d'fer«, der
1840 in Turin gebaut wurde, errichten.
Jenseits der Einfriedungsmauer, die die Straße entlang-
führt, befindet sich der Park des Kastells, das heute in
Privatbesitz ist. Von der ursprünglichen Anlage ist wenig
erhalten: Äcker und Pappelhaine haben den Platz des
damaligen englischen Gartens mit seinen Wasserfällen,
Brunnen, Teichen und Brücklein eingenommen.
Pollenzo ist eine kleine Ortschaft, die große Momente
erlebt hat: Zur Zeit der Römer war sie unter dem Namen

Der Wein des Glückseligen

Neben dem traditionellen Reben-reichtum der Langhe, zu dem Dol-cetto, Barbera, Nebbiolo (aus der hier Ba-rolo gemacht wird) und die weiße Favorita gehören, hat seit einiger Zeit auf den Hü-geln von Verduno auch die Pelaverga-Rebe Heimat gefunden und wird dort gepflegt. Diese Rebe und ihr Wein waren lange Zeit wenig bekannt und haben erst in den letz-ten Jahren größere Marktanteile erlangt und Beachtung bei den Kennern gefun-den.

Die Geschichte dieses Weins reicht in das frühe 18. Jahrhundert zurück, als ein Pa-ter, der selige Sebastiano Valfré, ein paar Weinpflänzchen aus der ca. 50 Kilometer entfernten Region Saluzzo mitbrachte. Der Pelaverga-Weinstock wird übrigens schon von Fantini in seiner umfassenden Monographie über Weinbau und -technik in der Provinz Cuneo, die er in der zwei-ten Hälfte des 19. Jahrhunderts verfaßte, erwähnt.

Forscht man weiter in der Weinge-schichte, trifft man auf den Chronisten Giovanni Andrea del Castellar aus Sa-luzzo, der in der ersten Hälfte des 16. Jahr-hunderts über »dreißig Fässer Wein aus Pagno und Castellaro, die Margherita di Fois jedes Jahr an Papst Julius II. schickte«, schrieb. In jenem Wein, »Glücksbringer« genannt, kann man ohne Zweifel den Pelaverga erkennen.

Tatsache ist, daß diese Sorte in Verduno einen fruchtbaren Boden gefunden hat, so daß heute jede Weinkellerei des Ortes ihre eigene Version anbietet: Weinkenner wis-sen das zu schätzen, und somit steigt die Produktion stetig, und neue Rebanlagen sprießen aus dem Boden.

Der Pelaverga ist insgesamt äußerst eigen-artig, angefangen bei seinem Namen, der so seltsam ist, als sei er einem phantasti-schen Handbuch für Traubenkunde ent-sprungen, bis hin zu seinem Ruf und der Legende, daß er eine aphrodisierende Wirkung habe (was der selige Pater wohl nicht wußte).

Es ist ein Wein, der sich aufgrund seiner Geschmacksmerkmale von den großen Rotweinen der Langhe unterscheidet: seine rubinrote Farbe und sein charakte-ristischer Duft nach orientalischen Ge-würzen geben ihm eine lebendige und exotische Note und heben ihn ab von den eher strengen und stämmigen Weinen. Er ist vergleichbar mit einem jungen Lebens-künstler inmitten einer alten Landadels-familie. Mit seinem ausgefallenen Tempe-rament eignet er sich hervorragend für eine sommerliche Vesper oder einen nächtlichen Imbiß. Er fließt großzügig in die Gläser und macht mit seiner typischen Unbeschwertheit einfach Spaß.

Eine Pelaverga-Rebe.

Die Grabstele wird in Bra im Museo Civico Archeologico Storico e Artistico di Palazzo Traversa ausgestellt (Via Parpera, 4, Tel. 42 38 80

Besichtigung: mittwochs und donnerstags von 15.00-18.00 Uhr, sowie am zweiten Wochenende des Monats samstags und sonntags 10.00-12.00 Uhr und 15.00-18.00 Uhr). In Bra befindet sich der Hauptsitz von Arcigola Slow Food, dem auch die Osteria del Boccondivino angeschlossen ist (Via della Mendicità Istruita, 14, Tel. 42 62 07). Ein kleiner Abstecher dorthin ist quasi ein Muß.

Pollentia eine blühende Handelsstadt; in der Mitte des vergangenen Jahrhunderts wurde sie ein fortschrittliches Landwirtschaftszentrum und die bevorzugte Residenz des sardischen Königs Carlo Alberto di Savoia.

Gegründet gegen Ende des 2. Jahrhunderts vor Christus, war Pollentia zur Zeit der Römer von Mauern und Türmen umgeben und verfügte über ein Theater, Thermen und ein Amphitheater für siebzehntausend Zuschauer.

Als Schnittpunkt der Straßen, die hier aus Turin, Asti und von der nahen ligurischen Küste zusammenliefen, blühte sie fünf Jahrhunderte lang. Im Jahre 402 nach Christus wurde mit dem Untergang der Westgoten auch ihre Macht zerstört.

Von dem Land um La Morra, über das die Straße von Verduno nach Pollenzo führt, stammten wahrscheinlich die Weine, mit denen Pollentia so regen Handel führte: davon zeugt die Grabstele des Mercator Vinarius Marcus Lucretius Crestus, die hier gefunden wurde und im Palazzo Traversa in Bra ausgestellt ist. In der römischen Zeit war Pollenzo auch berühmt für Färberei von Wolle und die äußerst fein gearbeiteten Vasen und Kelche, die von Plinius gepriesen wurden.

Wenn Sie die Via Regina Margherita einschlagen, befinden Sie sich auf den Stufen des römischen Amphitheaters, die jetzt als Fundament und Keller der Häuser aus dem Mittelalter dienen. Im Zentrum, etwas tiefer gelegen, kann man noch die ellipsenförmige römische Arena erahnen, die jetzt als Garten und Hof angelegt ist. Von den großartigen Überresten der öffentlichen Gebäude, des Theaters, des Amphitheaters, des Aquädukts, blieben nur die wunderschönen Reliefs der ersten Gelehrten der Stadt, Franchi Point und Randoni, die zwischen Ende des 18. Jahrhunderts und den Anfängen des 19. Jahrhunderts wirkten. In dem bereits erwähnten Museum Craveri und im Palazzo Traversa, ebenfalls in Bra, findet man die Zeugnisse ihrer Arbeit und andere archäologische Fundstücke.

Aber das kleine Dorf ist vor allem gekennzeichnet durch den weitläufigen Gebäudekomplex, der auf Carlo Alberto di Savoia zurückgeht, der hier seiner Leidenschaft für die Landwirtschaft nachging und hier am liebsten ein kleines savoyardisches Versailles errichtet hätte. Das Kastell, die Bauten der Agenzia, das Gut Albertina und die Weinkeller des Moscatello, einziger Erguß pseudogotischen Stils, sind das Ergebnis der Arbeiten, die zwischen 1838 und 1849 zum Teil auf den Fundamenten bereits bestehender mittelalterlicher Gebäude durchgeführt wurden. Das Herz dieser Landresidenz ist die Piazza Vittorio Emanuele II – am Ende der Via Carlo Alberto, durch die Sie in den Ort kommen –, die im Norden und Süden von zwei parallelen Laubengängen eingeschlossen ist; auf der östlichen Seite befindet sich die Chiesa di San Vittore (bemerkenswert der hölzerne Chor und die Kanzel) und der große Bogen, der den überdachten Weg zwischen dem Park und der königlichen Loge in der Kirche stützt. Links davon befindet sich das Schloß (in Privatbesitz, sehr schwer zu besichtigen), dem die Veränderungen, die im 19. Jahrhundert vorgenommen wurden, deutlich anzusehen sind. Carlo Alberto wollte es verschönern und ließ den Hof in einen Festsaal umwandeln. In seiner mittelalterlichen Form erhalten, wenn auch veredelt, ist allein der zylindrische Eckturm. Auf der westlichen Seite des Platzes öffnet sich ein großes Gebäude im mittelalterlichen Stil, »Agenzia« genannt, welches Zentrum der landwirtschaftlichen Güter der Savoyer wurde. Damit hing auch die Besitzung von Racconigi und der Tuffsteinkeller des Moscatello zusammen. Sie wurde nie fertiggestellt und später an Francesco Cinzano verkauft, der dort seine Produktion von Vermouth und Sekt begann Der Wachturm auf der rechten Seite des Platzes ist eine weitere Stilübung des 19. Jahrhunderts, die, wie man annimmt, einer schwimmenden Bühnenkonstruktion nachempfunden ist, die während eines Festes in Turin auf dem Po schwamm. In der Via Adelaide di Savoia auf der rechten Seite liegt dann der große landwirtschaftliche Bau der Albertina, der noch fast vollständig intakt ist.

Wie man auf dieser Luftaufnahme erkennen kann, wurden die Häuser von Pollenzo im Mittelalter auf dem Fundament des römischen Amphitheaters erbaut.

TIPS & INFOS

Ausführliche Informationen finden Sie auf Seite 81f.

CHERASCO

22 Kilometer von Alba
Einwohner: 6400
Höhe: 288 m ü. d. M.
Postleitzahl: 12062
Vorwahl: 0172

Informationen
Municipio
Tel. 48 94 98

Von Pollenzo nach **Cherasco** sind es nur ein paar Kilometer in Richtung Roreto-Cuneo. Nur wenige Hektar des Gemeindegrundes fallen unter das Gebiet des Barolo. Cherasco hat aber eine sehr alte Geschichte, ist reich an Baudenkmälern, und ein Besuch in dieser Stadt ist äußerst empfehlenswert.

Das Dorf ist ligurischen Ursprungs, wurde später aber, wie einige Funde beweisen, eine römische Siedlung mit dem Namen Clarascum. Die Gründung der Stadt Cherasco geht auf das Jahr 1243 zurück; damals erhob sich eine Festung auf der Hochebene, wo die Flüsse Tanaro und Stura zusammenfließen. Die strategische Lage bestimmte lange ihre Funktion als wichtiger militärischer Stützpunkt, was sich auch im Stadtbild niederschlägt. Ungewöhnlich ist der regelmäßige Grundriß, der, ähnlich den römischen *castra*, rechtwinklige Straßen in Schachbrettmuster vorsieht. Die lange und wechselvolle Geschichte der Stadt ist durchsetzt von Zerstörungen und Wiederaufbauten, von Blüte und Verfall, dem unaufhörlichen Wechsel von einer Unterwerfung zur anderen.

Der Bogen des Belvedere.

Der Fußweg, der im Norden der Stadt auf den Überresten der Mauern verläuft, bietet ein wundervolles Panorama auf die Landschaft und die Überreste aus dem Mittelalter: die herrliche Allee mit den gigantischen Platanen, die zum Schloß der Visconti aus dem 14. Jahrhundert führt (in jüngster Zeit restauriert), den Stadtturm, die römisch-gotische Fassade und den Glockenturm der Chiesa di San Pietro, den Glockenturm der Chiesa di San Gregorio, den Palazzo Brizio di Veglia, der Palazzo Lellio mit seinen Spitzbogenfenstern.

Nach einer besonders dramatischen Epoche erfuhr die Stadt ab Mitte des 16. Jahrhunderts eine ruhige Zeit. Unter der Herrschaft des Königs von Savoyen Emanuele Filiberto gelangte eine intensive Bauperiode zur Vollendung: Die Adelshäuser wurden verziert, die Kirchen renoviert, die Stadtmauern nach einem Entwurf des Architekten Ascanio Vittozzi wiederaufgebaut, das Kastell, zum Teil zerstört, neu errichtet. Cherasco wurde in dieser Zeit einer der bevorzugten Aufenthaltsorte des Hofes Savoyen, und die Stadt erlangte den barocken Glanz eines wertvollen Schmuckstücks, den sie bis heute, trotz moderner Bausünden, erhalten hat.

Von den unzähligen Bauten, die in diesen Jahren entstanden sind, ist vor allem der Palazzo Salmatoris in der Via Veneto 29 sehenswert. Er ist von außen eher schmucklos, wie fast alle Herrschaftshäuser in Cherasco. Im Innern aber besitzt er weitläufige Säulengänge und Freitreppen, Innenhöfe und Gärten. Bemerkenswert sind die großartigen Fresken, die eine ungeheure szenische Wirkung besitzen; sie versetzen uns in die Hochzeit des Barock zurück, der den Stil in dieser Stadt überwiegend prägt. Auf der gegenüberliegenden Straßenseite finden wir den Palazzo Chanaz und den Palazzo Carretto, die ebenfalls sehr sehenswert sind.

In der Via Ospedale befindet sich der Palazzo Gotti di Salerano, der durch sein prachtvolles Portal mit einer in Intarsien gearbeiteten Eingangstür besticht. Hier hatte der piemontesische Senat während der Belagerung Turins im Jahre 1706 seinen festen Sitz. Heute befindet sich in diesem Palazzo das Museum Adriani. Es ist von April bis Oktober sonntags zu besichtigen, im Juni und September auch samstags. Gegründet wurde das Museum mit der Sammlung eines Gelehrten aus Cherasco, der im letzten Jahrhundert aus Leidenschaft für das Altertum und die Geschichte Münzsammlungen,

ÜBERNACHTEN

Hotel Napoleon
Via Aldo Moro, 1
Tel. 48 82 38

ESSEN

Vittorio Veneto da Aldo ★
Via San Pietro, 32
Tel. 48 90 03
Mittwochs geschlossen

EINKAUFEN

Baci di Cherasco
Pasticceria Barbero
Via V. Emanuele, 72

Cherasco-Schnecken
Cherubino Germanetto
Via Genova, 7
Frazione Bricco

Wein
Enoteca La Lumaca
Via Cavour, 8

Antiquitäten und Trödel
Fratelli Berardelli
Via Cavour, 41

Silvio e Dario Genesio
Via San Pietro, 9

Romano Garino
Via V. Emanuele, 63

Felice Passone
Via Ferraretto, 7

Kunst
Galleria Il Ritorno
Via V. Emanuele, 57

Die Fassade der Chiesa San Pietro in Cherasco.

Inschriften und verschiedene kostbare Antiquitäten zusammengetragen hatte (Via Ospedale 40, Tel. 48 94 98). In demselben Palazzo finden Sie auch einen Freskenzyklus zum Thema Weisheit.

Diese Zeit des Glanzes überdauerte auch die Pestepidemie, die sich 1630 über das gesamte Piemont aus-

Die Arkaden in Cherasco beherbergen alte Botteghe und an drei Sonntagen im Jahr – dem ersten im April, dem dritten im September und dem zweiten im Dezember - einen florierenden Antiquitätenmarkt. Man trifft sich hier, um alte Drucke, Stilmöbel und Antiquitäten zu tauschen und zu verkaufen. Natürlich gibt es auch eine Menge Trödler, die nur Plunder anzubieten haben. Der Markt ist mit 400 Ständen und 20 000 Besuchern einer der wichtigsten im Piemont.

breitete. Cherasco blieb verschont und beherbergte zu dieser Zeit den Hofstaat, der aus Turin geflohen war. Die Chiesa di Sant'Agostino mit ihrem ausladenden Barock ist ein typisches Beispiel für die religiöse Architektur in Cherasco und geht auf eben jenes Ereignis zurück. Die Kirche wurde zur Einlösung eines Gelübdes, das der Muttergottes während der Epidemie geleistet wurde, erbaut. Die Fassade gestaltet sich sehr schlicht. Die wahre Stärke dieses Bauwerks besteht aber in der perfekten Abstimmung mit dem angrenzenden Arco del Belvedere, der von demselben Baumeister errichtet wurde.

Den Folgen eines weiteren Krieges ist die Perle der religiösen, barocken Architektur Cherascos zu verdanken: die Chiesa di Santa Maria del Popolo, die in den Jahren 1693 bis 1709 von den Augustinermönchen aus den Trümmern eines zerstörten Mauerturms erbaut wurde. Von diesen Zerstörungen waren alle Festungen Piemonts als Folge der Niederlage, die Vittorio Amedeo gegen den König Frankreichs erlitten hatte, betroffen. Der Bau ist ausladend und zugleich elegant. Die prunkvollen Stuckverzierungen im Innern, die fast alles bedecken, stammen von Domenico Beltramelli. Sie sind ein Zeugnis für die anmutige Lebhaftigkeit des Rokoko des 18. Jahrhunderts.

Im 18. Jahrhundert erlebte Cherasco noch einmal eine Blütezeit. Die Stadt ist zu einem aktiven Handelszentrum geworden, mit der bedeutungsvollen Präsenz einer starken jüdischen Gemeinde. Für diese bildete sich in dieser Zeit auch das Ghetto zwischen der Via Vittorio und der Via Ospedale. Dort befindet sich auch heute noch die Synagoge. Unzählige Bauten entstehen in dieser Zeit, wie das Krankenhaus und das Hospiz der Barmherzigkeit. Viele antike Gebäude wurden neu aufgebaut und erweitert, wie die Kirchen San Gregorio, San Martino und San Pietro. Im Jahre 1750 begann jedoch mit der Aufhebung der Präfektur von Cherasco der Niedergang der Stadt. Später, im Jahre 1796, zieht Napoleon Bonaparte als Sieger in Cherasco ein und bezieht den Palazzo Salmaris als Residenz. Dort gibt er am 27. April die Bedingungen für die Kapitulation bekannt. Ein letztes Mal wird Cherasco Schauplatz der Geschichte. Um dieses Ereignis sind zahlreiche Legenden enstanden. Eine besagt, daß die größte Platane in der Burgallee von dem späteren Kaiser gepflanzt wurde. Damit enden die glorreichen Tage einer Stadt, die heute einen etwas schläfrigen, aber nicht wenig faszinierenden Eindruck macht. Sie gleicht einer alten Dame, die glanzvolle Zeiten gesehen hat.

Oben: Cherasco ist eines der italienischen Zentren für Schneckenzucht. Jedes Jahr veranstalten die Vereinigung der Züchter und das »Centro Nazionale di Elicoltura« Ausstellungen und Treffen sowie Feinschmeckerfeste. Dementsprechend gibt es natürlich auch eine Bottega für dieses Tierchen. Bekanntlich ist die Schnecke auch das Symbol von Slow Food; links: Eine der letzten noch betriebenen Steinmühlen von Renzo Sobrino in La Morra.

TIPS & INFOS
Ausführliche Informationen finden Sie auf Seite 85ff.

LA MORRA

15 Kilometer von Alba
Einwohner: 2390
Höhe: 513 m ü. d. M.
Postleitzahl: 12064
Vorwahl: 0173

Informationen
Municipio
Tel. 5 01 05

Cantina Comunale
Tel. 50 92 04

ÜBERNACHTEN

Azienda Agrituristica Erbaluna
Borgata Pozzo, 43
Frazione Annunziata
Tel. 5 08 00

Azienda agrituristica Oberto
Borgata Croera, 42
Tel. 5 08 40

Azienda agrituristica Fratelli Revello
Frazione Annunziata
Tel. 5 02 76

ESSEN

Belvedere★★
Piazza Castello, 5
Tel. 5 01 90
Sonntagabend und montags geschlossen

Bel Sit
Via Alba, 17
Tel. 5 03 50
Montagabend und dienstags geschlossen

Nachdem Sie Cherasco verlassen haben, geht es weiter in Richtung **La Morra**, einen der wichtigsten Orte des Barolo. Wenn Sie den Tanaro überquert haben, führt die Straße einige Kilometer bergauf. In La Morra angekommen, fahren Sie auf den höchsten Punkt des Dorfes zu. Die Piazza Castello bietet einen der schönsten Ausblicke über das gesamte Gebiet der Langhe. Das Kastell gibt es allerdings nicht mehr, geblieben ist nur noch der Glockenturm, der im 18. Jahrhundert aus Trümmern erbaut wurde. Dieser Aussichtsplatz ist sicherlich weniger friedlich und bezaubernd als der in Verduno, dafür ist er noch höher gelegen und scheint in den Himmel zu ragen. Hier öffnet sich der Vorhang für ein endloses Schauspiel von Hügeln, getupft mit kleinen Ortschaften und deren Burgen, Kirchtürmen und Zinnen, die aus einem Meer von Weinbergen herausragen. Man kann weit über die Hohen Langhe blicken, auf Wiesen und Wälder bis hin zu den Bergen. Um diesen Aussichtspunkt breitet sich das Dorf, das seine mittelalterliche Struktur bewahrt hat, wie ein Fächer aus. Die kleinen, oft sehr steilen Straßen münden in kleine, ausdrucksvolle Plätze, wie die Piazza del Municipio, der eine große Roßkastanie Schatten spendet und die seit jeher mit Flußsteinen gepflastert ist. Die Piazza ist eingerahmt von einer Reihe von Gebäuden aus dem 18. Jahrhundert: der Pfarrkirche, dem Rathaus und der Chiesa della Confraternita di San Rocco. Einige Schritte entfernt finden Sie die Gemeindekellerei, wo Sie die Weine aus La Morra verkosten und kaufen können.

Dem Steinpflaster folgend, gelangen Sie auf den kleinen Straßen (Via Garibaldi, Via XX Settembre bis zur Via Umberto am anderen Ende der Stadt), zu den Festungsmauern aus dem Mittelalter, die den Dorfkern rund um das Kastell schützten. In der Via XX Settembre befindet sich der Palazzo dei Marchesi Falletti, heute Cordero di Montezemolo. Einst Sitz der Ortsherren, wurde in den Weinkellern dieses Palazzo der erste Barolo von La Morra hergestellt. Bevor Sie in die Via Umberto einbiegen, um wieder zu der Piazza Castello hinaufzusteigen, sollten Sie unbedingt einen Blick auf das Wandgemälde beim ehemaligen Torbogen des Marktes werfen, das den Zyklus von Weinrebe und Wein darstellt.

Nicht weit entfernt, an der Einmündung in die Via Vittorio Emanuele, finden Sie die »Cà dj' amis«, wo sich Künstler treffen und Bilder und Kunsthandwerk ausgestellt sind. Die Cà ist samstags und sonntags geöffnet. An Wochentagen können Sie auch bei der angrenzenden

**Azienda agrituristica
Fratelli Revello**
Frazione Annunziata
Tel. 5 02 76
kein Ruhetag

EINKAUFEN

Käse
**Salumeria
Giachino-Piumatti**
Via XX Settembre, 18

**Latteria commestibili
Clarita Trinchero**
Via Roma, 6

Gebäck
Panetteria Soncin
Via Roma, 4

Steinmühlen
Molino Renzo Sobrino
Via Roma, 110

Trüffeln
Fratelli Oberto
Borgata Croera, 42
Tel. 5 08 40

Wein
Cantina Comunale
Piazzetta del Municipio

Vin Bar
Via Roma, 56

Holzhandwerk
Pietro Barbotto
Via Ferrero, 17

WEINKELLEREIEN

*Unsere Adreßempfehlungen
finden Sie auf Seite 88/89.*

Die Mangialonga

M itten durch die Weinberge von La Morra zieht seit
1987 jeden Spätsommer ein einzigartiger Festzug,
der als das große Stelldichein der Barolo-Region gilt. Am
letzten Sonntag im August treffen sich Feinschmecker
und Naturfreunde in La Morra zu einem kulinarischen
Spaziergang von ca. 3 Kilometern. Er führt durch die
Weinberge und folgt den Feldwegen in die Tennen der
Höfe und unter die Laubengänge alter Feldkapellen. Tau-
sende von Jungen und Alten nehmen an dieser Laien-
prozession teil. Der Wein aus La Morra fließt in Strömen,
und man vergnügt sich auf fünf glanzvollen Stationen:
die erste mit einer Vorspeise, bestehend aus Wurstwaren
und Dolcetto; die zweite mit dampfenden Tagliatelle und
Barbera; die dritte mit heißem Kalbsgulasch und Barolo;
die vierte mit verschiedenen Käsen aus Cuneo, allen
voran der Murazzano, wiederum begleitet von Barolo;
zum Schluß gibt es Maisgebäck, Haselnußtorte und Obst
mit Moscato d'Asti. Musik und Tanz in der Tenne be-
schließen den Tag.

Azienda Vinicola Rocche Costamagna läuten. Neben der Cà sollten Sie unbedingt auch die darunterliegende Weinkellerei besuchen, die schon seit Mitte des letzten Jahrhunderts besteht.

Von der Piazzetta Martiri e Patrioti aus gelangen Sie zu den hundertjährigen Weinkellern der Macarini. Sie sind vor kurzem restauriert worden, aber man atmet hier die Luft des ausgehenden 19. Jahrhunderts. Dies war die

Die Cantina Comunale in La Morra
Ca. 750 Hektar Rebland besitzt La Morra: 35 % der gesamten Barolo-Produktion. Die Cantina Comunale, die 1973 gegründet wurde, präsentiert die wichtigsten Weine aus La Morra. Sie befindet sich in den Räumen des Palazzo der Marchesi von Barolo aus dem 18. Jahrhundert, an der Piazzetta del Municipio. Ihr haben sich 38 Produzenten des Ortes angeschlossen. Die Wände sind voll mit Fotografien von einem Dorfpfarrer namens Alessandro Bosca, der das Leben auf diesen Hügeln in den 30er Jahren dokumentiert hat. Man kann sich auch ein Video ansehen, auf dem die wichtigsten Momente des Dorfes festgehalten wurden. Und es gibt reichlich Prospekte und Veröffentlichungen über die Weinkultur in La Morra. Via Carlo Alberto, 2 Tel. 50 92 04; Öffnungszeiten: mittwochs, donnerstags und freitags 11.00-12.30 und 14.30-17.30; samstags und sonntags 10.00-12.30 und 14.30-17.30; montags und dienstags geschlossen

Zeit, in der die großen Barolomacher von La Morra, in erster Linie der Apotheker Tarditi und später die Brüder Bosco und Adriano, große Rotweine und Vermouth von weitbekannter Qualität herstellten. Wenn Sie die Via Umberto wieder hinaufsteigen, treffen Sie auf die Chiesa della Confraternita di San Sebastiano mit ihrem anmutigen Glockenturm aus Terracotta-Steinen.

Vielleicht haben Sie auf diesem Spaziergang Lust, in einer der Botteghe des Dorfes haltzumachen und sich mit Leckereien zu versorgen. Die Delikatessenhandlung Giachino-Piumatti in der Via XX Settembre und das Lebensmittelgeschäft Trinchero in der Via Roma bieten vorzügliche Tome di Murazzano (eine Käsespezialität). Ebenfalls in der Via Roma, in der Bäckerei Socin, finden Sie köstliche Lamorresi (Schokoladenpralinen mit Barolo gefüllt) und die Torta di nocciole (Haselnußkuchen).

Grandi Barolisti –
die großen Persönlichkeiten des Barolo

Die Geschichten um den Barolo böten den Stoff zu einem Roman. Und wer sind die Hauptpersonen? Es sind die Menschen, die auf diesem Boden aufgewachsen sind. Sie haben an ihren Weinberg, ihre Weinkellerei geglaubt und sich für ihren Wein eingesetzt – oft mit nicht geringem wirtschaftlichem Gewinn. Fangen wir bei den letzten Protagonisten an, die erst kürzlich von der Bühne abgetreten sind: beim Weinmacher Renato Ratti aus La Morra und dem Lehrer Arnaldo Rivera aus Castiglione Falletto. Der erste hat die gesamte Weinszene Italiens entscheidend geprägt. Er klassifizierte als erster die Lagen des Barolo und des Barbaresco und wirkte bei der Entwicklung des italienischen Weingesetzes mit. Der Chemiker und Botaniker Ferdinando Vignolo Lutati und, im vorigen Jahrhundert, der Landvermesser Lorenzo Fantini aus Monforte hatten bereits ähnliche Ansätze. Der zweite, ein Lehrer, war Begründer der Cantina Sociale del Barolo in den schwierigen 50er Jahren.

Arnaldo Rivera steht für die oft vergeblichen Versuche, Anfang dieses Jahrhunderts Genossenschaftskellereien ins Leben zu rufen. Eine der aktivsten war jedoch jene von Barolo, in der der Vater jenes Giulio Mascarello Kellermeister war, der während des Krieges wegen seiner sozialistischen Ideen in die Verbannung gehen mußte und später zu den meistgeschätzten ›Barolisti‹ des Dorfes zählte.

Dann gibt es die Reihe der Apotheker, alles wohlhabende Männer, die zu Beginn des Jahrhunderts, wenn sie nicht gerade Rezepte für Vermouth oder den Barolo Chinato erfanden, dafür Sorge trugen, daß die mehr oder weniger herrenlosen Weinberge Früchte trugen: Giuseppe Capellano aus La Morra, Hotelbesitzer im Ort und in Alba, und Giuseppe Tarditi aus La Morra, dessen Weinkellereien allseits zur Avantgarde gezählt wurden.

Die Abtei von Annunziata

Drei Kilometer hinter La Morra, an der Provinzstraße nach Alba, liegt der Ortsteil Annunziata, der eine Besichtigung wert ist.

Hier findet sich der romanisch-barocke Bau der ehemaligen Benediktiner-Abtei von San Martino di Marcenasco. Die Kirche besitzt eine Renaissance-Fassade sowie eine Apsis und einen Glockenturm aus dem 15. Jahrhundert. Im Innern der Kirche sind bei Restaurierungsarbeiten einfache Säulen mit Steinfundament und ein römischer Grabstein aus dem 1. Jahrhundert n. Chr. zum Vorschein gekommen – eingelassen in den Boden vor dem Hauptaltar.

An der Apsis wurden Fresken aus dem 16. und 17. Jahrhundert gefunden, und in einem Seitenraum tauchte ein noch älteres Bauwerk auf, vermutlich die ursprüngliche Kirche. Dieser Fund bedeutet, daß die Entstehung der Benediktiner-Abtei um einige Jahrhunderte zurückdatiert werden muß.

Die Abbazia dell'Annunziata bildet den ältesten Kern von La Morra. Einst, als die Hügelkuppe noch mit Büschen bewachsen war, bauten die Mönche die Trauben des Nebbiolo, Moscatello und Pignolo an (eine Rebe, die heute nahezu ausgestorben ist). Zu Füßen der Abtei liegen die historischen Weinberge der Conca di Marcenasco, weiter abseits die kleine Anhöhe von Monfalletto. Wenn man auf den Hügel von La Morra steigt, stößt man auf die Lagen Rocche und Arborine.

Nehmen Sie sich für La Morra Zeit und machen Sie auch einmal bei einem der Winzer halt, die Ihnen gerne die Tür zu ihrer Cantina öffnen – bei Elio Altare, Renzo Accomasso, Mauro Molino, Codero di Montezemolo, Gianfranco Bovio, Silvio Grasso, Giovanni Corino, Renato Ratti oder Aurelio Settimo.

Von La Morra aus nehmen Sie die Provinzstraße Richtung Barolo-Novello. Gleich hinter dem Dorf weitet sich die Sicht auf Nebbiolo-Weinberge, die sich abwärts in das Barolotal erstrecken. Die Landschaft wird beherrscht von der imposanten Erscheinung des Kastells, die aus der kleinen Häusersiedlung im Mittelpunkt dieses Tals emporragt. Bei dem Weiler Vergne biegen Sie links ab. Nach einem Kilometer führt die Straße unterhalb der Mauern des imposanten, doch halb verwahrlosten Castello della Volta vorbei. Bevor Sie das Kastell erreichen, sehen Sie auf der linken Seite die kleine Feldkapelle San Pietro de vignoleis, was »Der Heilige Petrus der Weinberge« bedeutet. Die Bewohner der Langhe haben es kurz und schlecht übersetzt mit San Pietro delle viole, was allerdings **Der Heilige Petrus der Veilchen«** bedeutet. Hier genießt man einen wundervollen Blick auf die umliegenden Weinberge des Barolo. Mit einem geschulten Auge können Sie von hier aus auch die großen Lagen dieser Gegend erkennen.

Die Feldkapelle von San Pietro delle Viole ist der Mittelpunkt einer alten Legende. Es wird erzählt, daß in Vollmondnächten ein Mönch bei Kerzenschein die Messe hält, begleitet von wandernden, betenden Schatten. Es sind die Geister der unzüchtigen Hofschranzen, die sich einst im Salon des Kastells Volta entfesselten Tänzen hingaben. Die göttliche Strafe ließ nicht lange auf sich warten: Der Boden tat sich unter ihren Füßen auf, und es riß die Hofdamen und Kavaliere in die Tiefe. Nur der Graf Falletti konnte sich retten, denn er wurde alarmiert durch das Knurren seines Bluthundes, das ihn im richtigen Moment von der apokalyptischen Szenerie weglockte. Zur Tilgung der Schande und als Symbol der Läuterung wurde dieses Kirchlein gebaut, das angeblich noch heute bei Vollmond von den Geistern heimgesucht wird, die keinen Frieden finden.

Das Weinmuseum Ratti

In den Kellern der Abtei hat das Museo Ratti dei Vini d'Alba seinen Sitz. Der Eingang befindet sich seitlich der Kirchenfassade. Hier ist die Geschichte der Reben und Weine der Region festgehalten. Zu sehen sind altes Werkzeug für Weinberg und Keller, Schautafeln zu den verschiedenen Reben und Karten der Weinberge. Öffnungszeiten: Mo.-Fr., 8.30-12.00 Uhr und 14.30-18.00 Uhr. Sa. u. So. nach Vereinbarung. Tel. 5 0185

Bricco del Dente
Gipfel über den Langhe

**Ausgangs- und
Zielort:**
LA MORRA

Länge:
3 KM

**Voraussichtliche
Dauer des Ausflugs:**

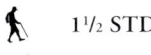

1½ STD.

½ STD.

Ausgangspunkt ist die Kreuzung unterhalb der Cappella di Santa Brigida, die sich auf der Talseite des Dorfes, also im Borgo befindet. Folgen Sie der asphaltierten Straße rechts von der Kapelle bis zur alten Ziegelbrennerei, die noch bis in die 40er Jahre in Betrieb war, jetzt aber völlig verfallen ist.

Gehen Sie dort links den Weg in Richtung Bricco del dente und Cappella degli Alpini, der gut ausgeschildert ist. An dieser Stelle tut sich vor Ihnen der schönste Panoramablick auf den Ort La Morra mit seinen Barockkirchen und Befestigungsanlagen auf. Dann macht die Straße eine Biegung und Sie gehen – den Ort im Rücken – auf die Weinkellerei Cantine Brosio zu. Der Ortsteil heißt Serradenari. Die Weinberge hinter der Kellerei sind die höchsten von La Morra. Sie wurden deswegen schon im 18. Jahrhundert in den Katasterbüchern erwähnt.

Kurz darauf erreichen Sie den Grat des Bricco, der steil zu den Langhe des Barolo hin abfällt.

Sie biegen links in die Schotterstraße ein. So kommen Sie, leider durch einen Wald von Radio- und Fernsehantennen, auf den Platz vor der Cappella degli Alpini. Grund des Ausflugs sind jedoch weder die Architektur der Kapelle noch die mächtige Antenne der RAI direkt nebenan, sondern der phantastische Rundblick: Gegenüber erhebt sich der Hügel von La Morra wie eine Klippe in einem Meer von Weinbergen, dann folgen im Osten rasch aufeinander weitere Hügel, Dörfer, Kastelle, fast bis zum Alpenbogen, der sich im Westen mit dem wuchtigen Monvisio und der fruchtbaren Ebene zu seinen Füßen in der Weite verliert.

Für den Rückweg nehmen Sie wieder die asphaltierte Straße, auf der Sie auch gekommen sind.

Berühmte Weinberge erkunden

Der Ausflug führt durch einige der historischen Weinberge von La Morra. In der Nähe der Cappella Santa Brigida nehmen Sie die steil abfallende Straße, die zu den Ortsteilen Fontanazza und Cerequio führt. Zu Ihrer Linken erstrecken sich weithin die Weinfelder auf den hügeligen Hängen von La Morra. An der Abzweigung nach Fontanazza angekommen, können Sie einen Umweg über Cerequio machen: Die Straße bildet die natürliche Grenze zwischen den Anbaugebieten von La Serra hügelan und Brunate und Cerequio im Tal. Sie befinden sich in den berühmtesten Weinbergen von La Morra, die schon 1477 in den Katasterbüchern erwähnt wurden. Unterhalb von La Serra, an der Grenze zur Gemeinde Barolo, liegen die historischen Weingüter Fossati und Ca Nere. Wenn Sie gut zu Fuß sind, können Sie bis nach Cerequio gehen und auf der Terrasse der Casa Averame Rast machen. Hier erinnert eine Gedenktafel an das Massaker an jungen Partisanen, die in der Zeit des antifaschistischen Widerstands von den Deutschen erschossen wurden.

Hier kehren Sie um und gehen zur Fontanazza hinunter. Von dort an bildet die Straße die Obergrenze der Brunate-Gärten. Weiter unten stoßen Sie auf die Destille der Gebrüder Ceretto. Gehen Sie dann weiter ins Tal hinunter bis Ponte Rocca, das an der Kreuzung der Provinzstraße nach Barolo liegt. Wenn Sie von hier aus nach La Morra hinaufschauen, können Sie nacheinander die Anbaugebiete von Bricco Rocca, Giachini, Rocche und Rocchette sehen.

Ausgangsort:
LA MORRA

Zielort:
PONTE ROCCO (ANNUNZIATA)

Länge:
4 KM

Voraussichtliche Dauer des Ausflugs:

🚶 2 STD.

🚴 45 MIN.

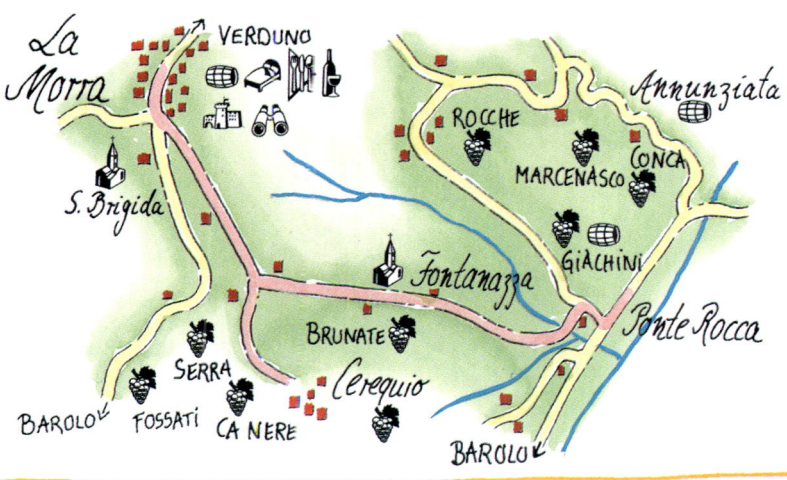

TIPS & INFOS
Ausführliche Informationen finden Sie auf Seite 93f.

NOVELLO

18 Kilometer von Alba
Einwohner: 880
Höhe: 471 m ü. d. M.
Postleitzahl: 12060
Vorwahl: 0173

Informationen
Municipio
Tel. 73 11 47

ÜBERNACHTEN

Hotel Barbabuc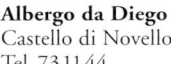
Via Giordano, 35
Tel. 73 12 98

Albergo da Diego
Castello di Novello
Tel. 73 11 44

EINKAUFEN

Hausmacher-Brot
Panetteria Pasticceria Gallo
Via Giordano, 25

Maisgebäck
Panetteria Manzone
Via Giordano, 7

Wein
Bottega comunale del vino
Piazza V. Emanuele, 2

Enoteca Barbabuc
Via Giordano, 4

WEINKELLEREIEN

Elvio Cogno
Borgata Ravera, 2
Tel. 73 14 05

Die Altstadt von Novello.

Kurz darauf führt die Straße nach **Novello** weiter, das man in wenigen Minuten erreicht. In die Altstadt gelangen Sie durch das Portal des mittelalterlichen Turms, der heute als Glockenturm genutzt wird. Einst ragte der Turm isoliert aus dem Komplex der Befestigungsbauten hervor, um einen der drei Dorfeingänge zu bewachen (ein weiterer Eingang ist heute noch in der Nähe des Kastells zu sehen, auf dem Weg, der zur Fracchia hinabführt). Heute steht der Turm direkt an der Pfarrkirche San Michele Arcangelo. Der Entwurf für diese Kirche wird dem Architekten Francesco Gallo di Mondovì zugeschrieben, einer herausragenden Figur der Barock-Architektur. Aber die hohen und schlanken Formen der Backsteinfassade erinnern eher an den neoklassizistischen Geschmack des späten 18. Jahrhunderts, mit manchen Versatzstücken aus dem 16. Jahrhundert. Das Innere jedoch ist ganz anders. Die Spannung des Raumes drückt sich in seiner Höhe aus und gipfelt in der kreisrunden Kuppel, die eine Höhe von 34,5 Metern erreicht. Ein kleines, barockes Schmuckstück ist auch die Fassade der Chiesa della Confraternita di San Giovanni Battista, die gleich neben der Pfarrkirche liegt. Am anderen Ende des Dorfes erhebt sich das Kastell auf dem Felsen von Novello, hoch über den Weinbergen und Wäldern, als gut sichtbarer Orientierungspunkt in diesem Teil der Langhe. Die überladene Backsteinfassade, die mit Zinnen versehenen Türme, die Fülle von Spitzbögen und kleineren Bögen, die große Freitreppe aus weißem Marmor und die dekorierten Säle vermitteln einen Gesamteindruck, der irgendwo zwischen Neuschwanstein und Disneyworld liegt. 1967 wurde das Kastell in ein Restaurant umgewandelt. Das Gästehaus mit dem Hauptbogen und der darüberliegenden Loggia ist alles, was von dem ursprünglichen mittelalterlichen Gebäudekomplex übriggeblieben ist. Sie können diesen Besuch mit einer Rast in der »Bottega del vino« auf der Piazza Vittorio Emanuele abschließen.

Von Novello führt die Straße sechs Kilometer bergab nach **Barolo**. Der Ort liegt in einem sanften Tal, geschützt vor den kalten Westwinden und geküßt von der frühen Morgensonne. Er hat im letzten Jahrhundert dem berühmten Wein seinen Namen gegeben, als aus den Weinkellern seines Kastells Massen von Weinfässern nach Turin und an den savoyischen Hof gingen.

In ebendiesen Weinkellern, die seit 1970 Eigentum der Gemeinde sind, spiegeln sich die Geschicke dieses Ortes wider: von der primitiven Verteidigungskonstruktion des 10. Jahrhunderts, als die Langhe noch von Sarazenerbanden, die von den nahen ligurischen Häfen und von Marseille hier heraufgefunden hatten, geplündert wurden, bis zur langen Herrschaft der Falletti, einer reichen Bankiers- und Kaufmannsfamilie aus Alba, die das Anwesen mit allen Ländereien im Jahre 1250 erwarb und bis 1864 ihre Blüte erlebte. Aus ihren Besitzungen, die sich über die umliegenden Hügel erstreckten und bis Castiglione Falletto und Serralunga reichten, wurde der erste Barolo gewonnen. Er ist ein Werk der letzten Gräfin, Giulia Colbert Falletti di Maulévrier. Mit ihr begann die Reihe der legendären »Barolisti«, die für den Ruhm und den wirtschaftlichen Wohlstand des Dorfes gesorgt haben: Borgogno, Rinaldi, Mascarello sind alles alte Namen, die noch heute bedeutungsvoll klingen. Im Laufe der Jahre haben sich viele andere dazugesellt, bis hin zu den jungen Barolo-Interpreten des 20. Jahrhun-

TIPS & INFOS
Ausführliche Informationen finden Sie auf Seite 77ff.

BAROLO

13 Kilometer von Alba
Einwohner: 760
Höhe: 310 m ü. d. M.
Postleitzahl: 12060
Vorwahl: 0173

Informationen

Castello
Tel. 5 62 77

Municipio
Tel. 5 61 06

In der Panetteria Cravero

Die Wiege des Barolo

Die Geschichte und Legende des »Königs der Weine« sind im Kastell von Barolo entstanden. Laut Überlieferung brachen von hier fast täglich lange Konvois auf, jeder Wagen mit Wein beladen. Bestimmungsort war der Hof der Savoyer in Turin. Auf dem Thron saß seinerzeit König Carlo Alberto, der keinen Hehl aus seiner Vorliebe für guten Wein machte. Die Signori di Barolo, Tancredi und Giulia Falletti, zeigten auf diese Weise ihre wirtschaftliche Macht und brachten dem sonst steifen savoyischen Adel ihren Wein nahe, das Produkt ihrer für jene Zeit fortschrittlichen Weinbautechnik.

Das alte Kastell, das bis auf das 10. Jahrhundert zurückreicht, hat im Laufe der Zeit etliche Veränderungen erfahren. Ob es als Trutzburg, als Landsitz des Adels oder als strenge Klosteranlage genutzt wurde – jede Bestimmung hat in den Sälen des großen Gebäudes ihre Spuren hinterlassen. Heute beherbergt es eine Hotelfachschule und die Enoteca del Barolo.

Das Kastell beeindruckt vor allem durch seine Größe, womit es das Dorf überragt

und fast erdrückt: ein greifbares Bild der Macht.

Im Innern sind die Räume der Gräfin Giulia Colbert mit ihren zeitgenössischen Möbeln zu besichtigen, der Wappensaal und die Bibliothek (Foto). Letztere erinnert an Silvio Pellico, einen Patrioten, der hier nach seiner Rückkehr aus dem österreichischen Kerker von Spielberg als Sekretär und Bibliothekar zwanzig Jahre lang tätig war.

Die oberen Etagen wurden vor kurzem renoviert und beherbergen das Museum für Weingeschichte und -technik der Region Barolo. Hier ist altes Werkzeug aus Weinbergen und -kellern zu besichtigen, eine Dokumentation über Leben und Arbeit der Weinbauern in den Langhe und alte Fotografien des Dorfes.

Die Enoteca regionale del Barolo

Die Enoteca regionale hat ihren Sitz im Weinkeller des Kastells, wo die Gräfin Giulia dem ersten Barolo seinen Namen gab. Diese Einrichtung untersteht den Gemeinden im Anbaugebiet des Barolo und hat die Aufgabe, den Barolo bekanntzumachen und seine Verbreitung zu fördern. Im Ausstellungsraum wird eine große Auswahl verschiedener Jahrgänge und Etiketten gezeigt. In den anderen Räumen wurden ein Raum zur Verkostung, ein technisch-wissenschaftliches Labor und ein Laden eingerichtet, wo man den Wein günstig kaufen kann.

Der andere Flügel des Gebäudes wird von der schon erwähnten Hotelfachschule genutzt.

Piazza Castello, Tel. 5 62 77
Besichtigungszeiten: 10.00-12.30 Uhr;
15.00-18.30 Uhr, donnerstags und im Januar geschlossen. Für Gruppen auf Vorbestellung fachkundige Weinproben.

derts, wie Sandrone, Viberti und Vajra, die eine ge-
festigte Tradition fortführen.
Die Wappen der Weinkellereien schmücken das Straßen-
bild des Ortes und verdeutlichen die wahre Größe von
Barolo. Sie erzählen von der Geschichte des Weines und
den Mühen der Bauern, von einem kleinen Mythos, der
den Tafelfreuden gewidmet ist.

Das Kastell von Barolo, das vom Kastell Volta noch überragt wird.

ÜBERNACHTEN

Hotel Barolo
Via Lomondo, 2
Tel. 5 63 54

Albergo del Buon Padre
Frazione Vergne
Tel. 5 61 92, 5 63 29

Azienda Agrituristica
Claudio Fenocchio
Località Bussia, 66
Tel. 7 83 11

ESSEN

Brezza*
Via Lomondo, 2
Tel. 5 63 54
Dienstags geschlossen

**Locanda
nel Borgo Antico****
Piazza del Municipio, 2
Tel. 5 63 55
Mittwochs geschlossen

EINKAUFEN

Wurstwaren
**Macelleria-salumeria
Canonica**
Via Roma, 39

Grissini
Panetteria Cravero
Via Roma (s. Foto S. 47)

Wein
**Enoteca regionale
del Barolo**
Piazza Castello

WEINKELLEREIEN

*Unsere Adreßempfehlungen
finden Sie auf Seite 78/79.*

Von Novello nach Barolo

Ausgangsort:
NOVELLO

Zielort:
BAROLO

Länge:
3 KM

*Voraussichtliche
Dauer des Ausflugs:*

🚶 1 STD.

🚴 20 MIN.

G leich hinter dem Ort nehmen Sie die kleine asphaltierte Straße, die von der Provinzstraße nach La Morra und Barolo rechts abzweigt und in Richtung Monforte, Ravera und Panirole beschildert ist. Nach wenigen Schritten bergab sehen Sie die kleine Kirche Santa Lucia und etwas weiter vorn die Überreste der Kirche San Rocco: eine Apsis, die noch Spuren mittelalterlicher Fresken aufweist. Wenn Sie weitergehen, finden Sie auf der rechten Seite auf dem Bricco Petrochini die Weinkellerei Elvio Cogno, in zauberhafter Lage mit Blick auf die Langhe. Elvio wird Sie gerne bei dem Besuch seiner Keller begleiten. Sie wurden erst vor kurzem in dem alten Gut eingerichtet.

Sie kehren dann auf die Asphaltstraße zurück, die Sie aber kurz darauf verlassen, um nach rechts abzubiegen. Sie folgen nun einem Feldweg, der zunächst fast gerade auf halber Höhe links entlang und dann ins Herz von Barolo hinabführt. Dieses Stück ist nicht ausgeschildert: Eine Eiche und wenige Meter weiter vorn ein Bauernhaus sind die einzigen Orientierungspunkte. Mitten durch meist mit Nebbiolo bepflanzte Weinberge gehen Sie auf das Kastell von Barolo zu, das Sie unter sich liegen sehen und in wenigen Minuten erreichen.

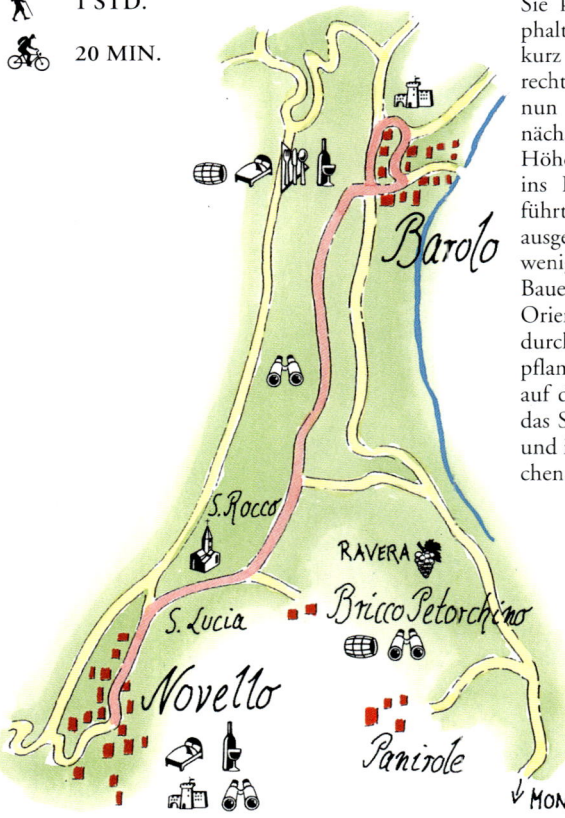

Von Barolo nach Monforte:
Wälder und Kapellen

Ausgangsort:
BAROLO

Zielort:
MONFORTE

Länge:
6,5 KM

Voraussichtliche
Dauer des Ausflugs:

2¹/₂ STD.

40 MIN.

Der Weg beginnt an dem kleinen Platz vor dem Kastell, neben der Bäckerei Cravero, in der Sie sich mit Maisgebäck eindecken können, um unterwegs eine Stärkung zur Hand zu haben. Das erste Stück führt ins Tal hinunter, wo das Flüßchen Fava fließt, dem Sie eine Weile folgen. Dann geht es wieder hügelig zwischen Weingärten weiter, bis Sie die Wasserscheide in San Giovanni erreicht haben. Nachdem Sie einen Wald aus Eichen, Robinien und Kiefern durchquert haben, erreichen Sie den Gipfel des Hügels, auf dem sich die Ruinen einer mittelalterlichen Burg und ihrer Kirche befinden. Wenn Sie weitergehen, gelangen Sie am Ortsrand von Monforte zur Cappella Sette Vie, auch Cappella della Natività di Maria Vergine genannt, mit einem Fresko aus dem 15. Jahrhundert, das eine sitzende Muttergottes mit Kind darstellt und vielleicht zu einem frühen Triptychon gehörte. Sie können den Ausflug ausdehnen, indem Sie eine der Routen um Monforte anschließen.

Mit dem Fahrrad entlang der Cannubi-Lagen

Ausgangs- und Zielort:
BAROLO

Länge:
10 KM

Voraussichtliche Dauer des Ausflugs:

    1 STD.

Auf diesem Fahrradausflug, der nur über wenig befahrene Asphaltstraßen führt, können Sie gänzlich in die großartigen Weinberge des Barolo eintauchen, auf deren Hängen die Reben für die bekanntesten Weine wachsen. Von der Piazza del Peso Pubblico aus fahren Sie in Richtung La Morra und biegen kurz darauf nach Alba ab. Die Straße führt bergab, an einigen Stellen sogar recht steil, an der westlichen Seite der Cannubi-Hügel entlang. Links erstrecken sich die großen Weingärten von La Morra, von Cerequio bis Brunate. Wenn Sie im Tal an der Kreuzung von Ponte Rocca ankommen, biegen Sie rechts ab und kehren auf der alten Provinzstraße, die parallel zum Hinweg verläuft, nach Barolo zurück. Rechts von Ihnen liegen die sonnigen Cannubi-Hänge: Zuerst kommt die Lage Monghisolfo oder Cannubi Boschis, dann der Cannubi Classico, der zwischen dem Friedhof und dem Gut Viganò liegt. Allmählich führt die Straße wieder bergauf zum Ort, vorbei an den Lagen Cannubi Valletta, San Lorenzo und Muscatel.

Eine der ältesten Flaschen der Langhe trägt ein Etikett mit der Aufschrift »Cannubi 1752« – ein Beweis für die historische und wirtschaftliche Bedeutung dieses Weinbergs. Manche der heutigen Weinbauern keltern die Cannubi-Lagen pur: Luciano Sandrone den Cannubi Boschis, die Marchesi di Barolo den Cannubi und den Valletta, während Bartolo Mascarello, ebenfalls Besitzer eines Weinbergs in San Lorenzo, die traditionelle Technik der Mischung mit Nebbiolo-Trauben aus anderen Lagen vorzieht. An all diesen Weingütern werden Sie auf der Strecke vorbeikommen.

Die Weinstraßen des

Barolo

mit dem Fahrrad

Arcigola Slow Food bietet gemeinsam mit den Baroloherstellern und einigen Firmen dieser Gegend den Lesern dieses Reiseführers die Möglichkeit, die Hügel der Langhe mit dem Fahrrad zu erkunden.

Für den, der Puste und Beine hat, ist dies sicher die beste und gemütlichste Art, den Zauber dieses Landes mit seinen verschiedenen Gesichtern zu genießen. An den Stellen, die hier von uns aufgelistet sind, stehen Ihnen fünfzig Fahrräder zur Verfügung, von denen jedes den Namen eines großen Weinberges und des Winzers der ihn bebaut, trägt: Fragen Sie danach!

Hotel Barbabuc, **Novello**

Hotel Barolo, **Barolo**

Enomotel Il Convento, **Roddi**

Azienda Agrituristica Erbaluna, **La Morra**

Albergo Giardino da Felicin, **Monforte**

Albergo Italia, **Serralunga**

Residence Le Torri, **Castiglione Falletto**

Hotel Napoleon, **Cherasco**

Albergo Real Castello di Verduno, **Verduno**

Azienda Agrituristica Revello, **La Morra**

Vin Bar, **La Morra**

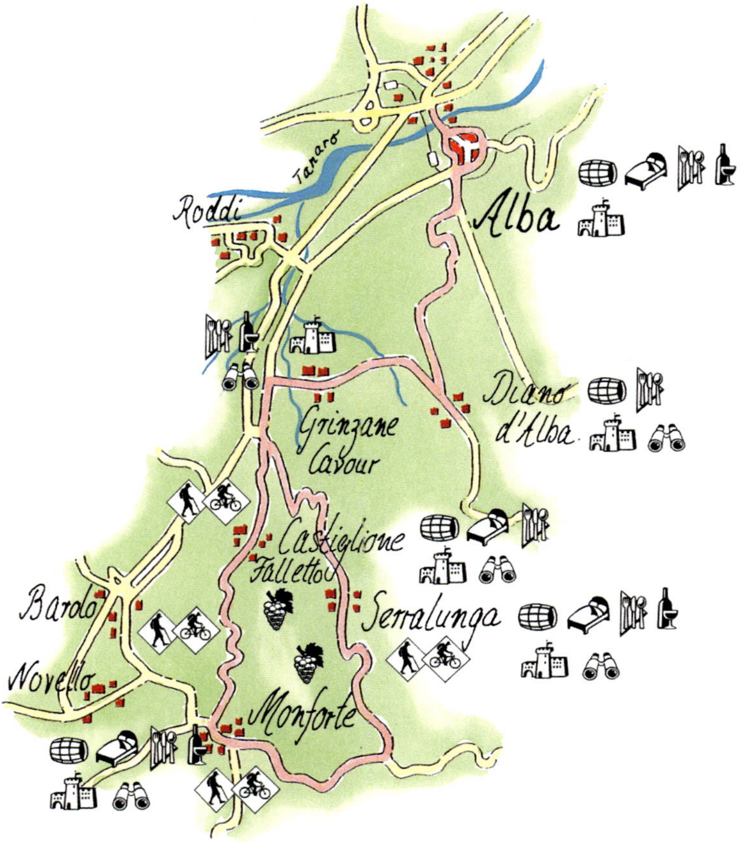

Ausgangsort:
ALBA

Zielort:
CASTIGLIONE
FALLETTO

Länge:
53 KM

*Voraussichtliche
Dauer des Ausflugs:*

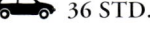 36 STD.

 48 STD.

Von Alba nach Castiglione Falletto
über Diano, Grinzane Cavour, Serralunga und
Monforte

Abstecher:

SERRALUNGA, MONFORTE,
CASTIGLIONE FALLETTO

Auf den Spuren der Kastelle

Von Alba nach Castiglione Falletto

V on Alba schlängelt sich die Straße bergauf in Richtung **Diano**. Von unten zeigt die Stadt das Rot ihrer mittelalterlichen Backsteingebäude sowie die weitläufigen, anonymen und modernen Wohnsiedlungen. Der Ort ist vor allem für seinen Dolcetto bekannt, der eine eigene, auf das Gemeindegebiet begrenzte DOC (die amtliche Ursprungsbezeichnung Denominazione di Origine Controllata) hat. Er besitzt aber auch eine kleine Anzahl von Weinbergen in der Anbauzone des Barolo, zwischen den Grenzen von Grinzane Cavour und Serra-

TIPS & INFOS
Ausführliche Informationen finden Sie auf Seite 82f.

DIANO D'ALBA

8 Kilometer von Alba
Einwohner: 2620
Höhe: 500 m ü. d. M.
Postleitzahl: 12055
Vorwahl: 0173

Informationen
Municipio
Tel. 6 91 01

ÜBERNACHTEN

Albergo Ai Tardì
Via San Sebastiano, 81
Tel. 6 94 03

Az. agrituristica Ai vej
Via Veglio, 6
Valle Talloria
Tel. 23 18 14

Azienda agrituristica Simone Castella
Via Alba, 18
Borgata Lopiano
Tel. 6 91 70

Azienda agrituristica Marco Savigliano
Via Madonnina, 1
Borgata Lopiano
Tel. 6 91 96

Die höchstgelegenen Dolcetto-Weinberge bei Diano d'Alba.

lunga. Wir empfehlen Ihnen, in Sorano eine Rast einzulegen. Dort befindet sich der gleichnamige, vier Hektar große Weinberg, der mit seiner ton- und kalkhaltigen Erde zu den besten der Gegend gehört.
Wenn Sie im bewohnten Teil ankommen, sollten Sie das Auto auf der Piazzetta parken und zu Fuß zum Aussichtspunkt hinaufgehen. Dort genießen Sie einen zauberhaften Ausblick: Im Westen verlieren sich die Langhe

ESSEN

Antica
Trattoria del Centro★
Via Cortemilia, 91
Ortsteil Ricca
Tel. 61 20 18
Montagabend und dienstags
geschlossen

EINKAUFEN

Wurstwaren
Salumificio Barile
Via Cortemilia, 89/b
Frazione Ricca

Alte Möbel
Aldo Giordano
Via Cortemilia, 110
Frazione Ricca

WEINKELLEREIEN

Dario e Giuseppe
Savigliano
Via Guido Cane, 20
Valle Talloria
Tel. 23 17 58

Unsere Adreßempfehlungen
finden Sie auf Seite 83.

Kleine Dolcettokunde

Der Dolcetto ist für die Bewohner der Langhe bestimmt der beliebteste »Wein für jeden Tag«. Seit jeher lieben sie es, ihre Mahlzeiten und die Abende in der Osteria in Begleitung dieses äußerst süffigen Rotweins zu begehen. Es gibt hier vier verschiedene Dolcetti, die alle die amtliche Ursprungsbezeichnung tragen dürfen. Es sind jene aus Alba, Dogliani, den Langhe Monregalesi und Diano. Alle stammen von derselben Weinrebe und besitzen dieselben Grundeigenschaften. Im Geschmackstest jedoch unterscheiden sie sich deutlich voneinander. Man kann ohne Umschweife sagen, daß der aus Diano (seit kurzem gibt es eine neue Ursprungsbezeichnung, die einfach »Diano d'Alba« lautet) sich gegenüber den anderen durch seine kräftigere Struktur und seinen volleren Geschmack behauptet. Er hat intensives Rot mit einem Stich ins Violette und duftet nach Veilchen und vergorenen Waldbeeren. Sein Geschmack ist trocken, mit einer frischen, angenehm fruchtigen Mandelnote. Es ist ein Wein, der schon im Jahr nach der Ernte trinkreif ist. Sein Anbaugebiet ist begrenzt auf das Gemeindegebiet von Diano, das weniger als 300 Hektar ausmacht, aus denen wiederum ca. 1 Million Flaschen pro Jahr gewonnen werden.

Diese Gemeinde war die erste und ist wahrscheinlich bis heute die einzige in Italien, die ihre Weinberge registriert hat: Sie hat ein Register mit entsprechender Karte erstellt und darin jede Lage, eine nach der anderen, beschrieben und benannt.

Es ist nicht schwierig, dorthin zu gelangen, zu Fuß oder auch mit dem Auto. Besuchen Sie vielleicht den jungen Marino Savigliano. Er hat es nach bestandenem Chemikerdiplom vorgezogen, Weinbauer zu werden und in Diano, auf seinem Weingut in Valle Talloria zu bleiben. Dort widmet er sich den Reben und dem Wein. Nach Voranmeldung führt er Sie gerne durch seinen Weinberg, der sich im Gemeindeteil Giarlotto befindet.

des Barolo im Alpenbogen und verschmelzen mit den Hügeln des Roero auf der rechten Seite. Im Uhrzeigersinn folgen die Weinberge des Barbaresco und im Osten die ersten herben Ausläufer der Hohen Langhe.

Auf dieser Esplanade ragte in den Zeiten des Comitatus Dianensis, als sich Diano während des Karolingerreichs mit Alba im Wettstreit um die Macht befand, ein Kastell empor. Das Kastell wurde im Jahre 1631 niedergerissen, als mit dem Vertrag von Cherasco die Savoyer Herrscher in Diano wurden. Nichts ist von dem einst mächtigen Kastell erhalten geblieben.

Vom Zentrum Dianos nehmen Sie wieder die Straße Richtung Alba. Sobald Sie den bewohnten Teil hinter sich gelassen haben, biegen Sie links nach **Grinzane Cavour** ab. Nach einigen Kilometern bergab taucht das Dorf auf. Es besteht aus nur wenigen Häusern, die sich um die trutzige Burg gruppieren, welche heute Sitz der Enoteca Regionale dei Vini Albesi ist. In der Burg befindet sich auch ein Restaurant und ein Volkskundemuseum, das spezialisiert ist auf die Kultur der Bauern. Der Name des kleinen Dorfs ist eine Hommage an den Staatsmann des Risorgimento, der von 1832 bis 1849, Bürgermeister von Grinzano war. Besitzer des Kastells von Grinzano waren die Benso di Cavour. Sie geboten über mehr als 500 piemontesische Tagwerke (eine giornata = 0,381 Hektar) Land. Camillo, der hier im Jahre 1832 ankam, entwickelte eine große Leidenschaft für seine Ländereien und erneuerte die Weinberge und Weinkellereien. Er war vernarrt in Burgund und baute deshalb sogar 14 Tagwerke Burgundertrauben an. Aus Frankreich ließ er den Önologen Louis Oudart kommen, der seinen Weinen ein modernes Gesicht gab.

Von Grinzano aus erreichen Sie die Siedlung Gallo, die sich in der Talsohle befindet. Von dort aus fahren Sie weiter Richtung Barolo, an der ersten Abzweigung biegen Sie in die Straße nach **Serralunga** ein.

Auf der linken Seite tauchen die Landgüter und Weinkeller von Fontanafredda auf, die leicht zu erkennen sind durch ihren quergestreiften Anstrich. Dies hatte Emanuele di Mirafiori, Sohn von Vittorio Emanuele II. veranlaßt. Das über hundert Jahre alte Weingut ist einen Besuch wert, vor allem das Jagdhaus der Bela Rosin, das sehr sorgfältig renoviert wurde und noch seinen ganzen Zauber aus dem 19. Jahrhundert bewahrt hat. Auf den Samtsofas der Salons verzehrte sich die Liebe zwischen dem König Vittorio Emanuele II. und der schönen bürgerlichen Rosa, die später Contessa di Mirafiori und

TIPS & INFOS
Ausführliche Informationen finden Sie auf Seite 84f.

GRINZANE CAVOUR

13 Kilometer von Alba
Einwohner: 1650
Höhe: 195 m ü. d. M.
Postleitzahl: 12060
Vorwahl: 0173

Informationen
Municipio
Tel. 26 20 16

Enoteca regionale
Tel. 26 21 59

ESSEN

Trattoria dell'Enoteca Castello di Grinzane
Tel. 26 21 59
Dienstags geschlossen

Antica Locanda del Centro
Via Garibaldi, 101
Frazione Gallo Grinzane
Tel. 2 62 20 30
Sonntagabend und montags geschlossen

Trattoria La Salinera
Via IV Settembre, 19
Tel. 26 21 38
Montagabend und dienstags geschlossen

EINKAUFEN

Grappe
Distilleria Montanaro
Via Garibaldi, 6

Torrone
Pasticceria-confetteria Marengo
Via Garibaldi, 30

Typische Produkte
Al Tartufo d'oro
Via Piana Gallo, 16

WEINKELLEREIEN

Le Ginestre
Via Grinzane, 17
Tel. 6 22 67

Giovanni Grimaldi
Via Parea, 7
Tel. 26 20 90, 26 20 94

nicht standesgemäße Gattin des Königs wurde. Unterdessen spielte sich draußen auf dem großen Hof von Fontanafredda das rege Treiben der Arbeiter und Techniker zwischen den Lagern, Büros und den Behausungen der Lohnarbeiter ab. Das Herzstück von Fontanafredda sind jedoch die kühlen Weinkeller, die sich im Innern des Hügels verlieren.

Von Fontanafredda erreichen Sie über den Vorort Baudana in wenigen Minuten Serralunga. Auf halber Stecke werden Sie von der schlanken Silhouette des Kastells überrascht, einem irreal anmutenden Bau, die sich leicht vor dem Hintergrund der Hügel abzeichnet.

Das Kastell von Serralunga.

Eine knusprige Schleckerei

Der Torrone ist eine süße Spezialität der Langhe. Der berühmteste wird in Gallo, einem Ortsteil von Grinzane Cavour, hergestellt. Die Firma Oscar Sebaste liefert schon seit mehr als hundert Jahren die Schleckerei mit dem Bild eines stolzgeschwellten Hahns an ihre Kunden (Die Fabrik kann besichtigt werden; Tel. 26 20 09; kein Direktverkauf). Wenn auch noch keine hundert Jahre alt, so ist doch auch die Firma Martino di Sinio (Region Borgonuovo, Tel. 5 32 65, Besichtigung nach Voranmeldung, auch Direktverkauf) sehr gut, wie auch andere kleine Konditoreien in der Gegend um Alba. Es gibt kein Dorffest, wo diese Schleckerei nicht auf der »Bancarella del Torone« neben gerösteten und gezuckerten Haselnüssen zur Schau gestellt wird. Und niemand kommt von einem Dorffest in den Langhe, ohne eine Stange oder ein schönes Stück Torrone nach Hause zu bringen.

Der beste Torrone (so behaupten zumindest die Kenner, denn die Rohmasse bleibt immer die gleiche), wird in Blöcken von mehreren Kilo hergestellt und dann in Stücken verkauft. Der Torrone aus Alba ist weiß und hart, aber dennoch mürbe und knusprig. Er wird aus einer Mischung von Zucker, Honig und gerösteten Haselnüssen hergestellt. Die Haselnüsse kommen meist aus den Hohen Langhe, wo die Haselnußhaine ganz allmählich die Oberhand über die Weinfelder gewinnen. Die Sorte heißt Tonda Gentile delle Langhe. Sie ist äußerst ertragreich und ihr Aroma besonders intensiv und köstlich.

Das Castello Cavour

Das Kastell von Grinzane Cavour ist, wie auch das Kastell von Serralunga eines der besten Beispiele für mittelalterliche Architektur in den Langhe. Sein heutiges Aussehen ist das Ergebnis sorgfältiger Restaurierungsarbeiten aus dem Jahre 1961. Der älteste Teil des Bauwerks, der zentrale Turm, geht auf das 11. Jahrhundert zurück, während das Hauptgebäude aus dem 15. Jahrhundert stammt. Angefangen mit Bonifacio del Vasto im 12. Jahrhundert hat das Kastell häufig den Besitzer gewechselt: von den Marchesi di Busca zu den Marchesi del Monferrato, bis es Mitte des 19. Jahrhunderts Michele di Cavour, Vater des Freiheitskämpfers Camillo, erstand, der auch die damals schon großen Ländereien auf 205 Hektar erweiterte. Von der Familie Benso di Cavour ging es weiter an die Alfieri di Sostegno, welche es im Jahre 1932, als Grinzane zum Gemeindebereich von Alba gehörte, der Stadt Alba schenkten. 1961 wurde es dann restauriert, und heute hat dort die »Enoteca Regionale dei Vini Piemontesi« ihren Sitz. Sie befindet sich im Erdgeschoß des Kastells und bietet eine gute Auswahl an Weinen und Grappe der Umgebung. Die hier verkauften Produkte werden von der Vereinigung »Assaggiatori dell' Ordine dei Cavalieri del Tartufo e dei Vini d'Alba« ausgewählt und kontrolliert, einer Organisation zum Schutz und zur Verbreitung der Eß- und Trinkkultur. Im ersten Stock befindet sich die Trattoria del Castello. Die darüberliegenden Stockwerke beheimaten das Museum. Besonders sehenswert ist der »Salone delle Maschere« aus dem 16. Jahrhundert, dessen Kassettendecke wertvolle Gemälde aufweist: Porträts, Adelswappen, Allegorien, Fabelwesen und Tiere ergeben einen Gesamteindruck von großem Reiz. Ein Großteil des Museums ist der Bauernkultur gewidmet. Sie finden hier Nachbauten von Arbeitsräumen aus dem 17., 18. und 19. Jahrhundert (Küchen, Böttcher- und Hufschmiedwerkstätten, eine Weinkellerei und eine Brennerei). Die Sammlung umfaßt landwirtschaftliche Werkzeuge, Keramikgefäße, Zeugnisse der Wein- und Eßkultur der Region Alba, Gewichte und Maße der Weinproduktion. In anderen Sälen finden Sie eine Ausstellung über die weißen Trüffel aus Alba, Kostbarkeiten der Familie Cavour und einige Fundstücke aus der Römerzeit zum Weinanbau in Alba.

Das Museum

Öffnungszeiten (Führungen möglich):
April bis September: 9.00-12.00 Uhr/
14.30-18.30 Uhr
Oktober bis März: 9.00-12.00 Uhr/
14.00-18.00 Uhr
Dienstags geschlossen
Tel. 26 21 59

TIPS & INFOS
Ausführliche Informationen finden Sie auf Seite 95ff.

SERRALUNGA

16 Kilometer von Alba
Einwohner: 420
Höhe: 414 m ü. d. M.
Postleitzahl: 12050
Vorwahl: 0173

Informationen
Municipio
Tel. 61 31 01

Castello
Tel. 61 33 58

ÜBERNACHTEN

Albergo Italia
Piazza Cappellano
Tel. 61 31 24

ESSEN

Trattoria del Castello
Frazione Baudana, 63
Tel. 61 33 75
Mittwochs geschlossen

Als man zur Traubenkur nach Serralunga kam.

Serralunga ist ohne Zweifel eines der schönsten Zentren der Langhe des Barolo. Rund um das Kastell, das perfekt erhalten ist, verbreitet das Zentrum mit seinen konzentrisch verlaufenden Straßen eine altertümliche Atmosphäre, die schwerlich anderswo zu finden ist. Das Kastell ist das einzige Verteidigungsbauwerk, das vollständig erhalten ist. Es ist verziert mit Backstein, Rundbögen, zweibögigen Fenstern und dem schrägen Turm. Die Festungsanlage, die im Jahre 1340 von Pietrino Falletti erbaut wurde, um seine weitläufigen Besitzungen zu verteidigen, ist gekennzeichnet durch ihre drei Türme. Das Innere ist eher spartanisch, da es für die Beherbergung der bewaffneten Truppen genutzt wurde. Wenn Sie die Auffahrt hinaufgefahren sind, genügt es, die Glocke zu läuten, und ein emsiger Wärter wird Sie bei der Besichtigung begleiten. Die weitläufigen, aufeinander folgenden Waffensäle bilden den zentralen Teil. Geheimnisvolle Nischen und Falltüren öffnen sich in den mächtigen Wachtürmen. Bögen tun sich oberhalb steiler Treppen auf, und Schießscharten geben den Blick frei auf weit entfernte Hügel. Der alte Putz läßt durch die Risse darüberliegender, neuerer Schichten an manchen Stellen Ausschnitte von Fresken erahnen (Öffnungszeiten von April bis September: 9.30-12.00 Uhr und 14.00-18.00 Uhr; von Oktober bis März: 10.00-12.00 Uhr und 14.00-17.00 Uhr; montags geschlossen; Tel. 61 33 58).

Nach der Besichtigung des Kastells können Sie noch ein paar Schritte durch den Ort machen, um sich die Geschäfte und ortsansässigen Handwerksbetriebe anzuschauen (nicht versäumen sollten Sie La Contrada, ein kleines Delikatessengeschäft in der Via Roma 48). Vielleicht haben Sie Lust, in dem Albergo-Ristorante Italia auf der Piazza Maria Cappellano ein kleines Glas Barolo Chinato zu trinken, die Spezialität des Ortes (siehe Seite 61).

Wenn das Kastell einen Abstecher in längst vergangene Zeiten gewährt hat, so führt dieses Hotel, das vom Lauf der Zeit unberührt geblieben ist, zurück zur Zeit der Jahrhundertwende, als Serralunga bei den Fremden für seine Traubenkur bekannt war. Giovanni Cappellano, damals schon ein großer Weinhersteller und Besitzer eines Herbergsbetriebs in Alba, brachte im Ort die Dolcetto-Traube in Mode, die als Heilmittel bei Anämie gilt. Sein Bruder Giuseppe, der Apotheker war, stellte mit Hilfe orientalischer Gewürze den inzwischen legendären Barolo Chinato her. Er wird als Digestif getrunken und als Heilmittel gegen alle Krankheiten angesehen.

Dieses Elixier wird heute noch von seinem Urenkel unter demselben Namen und derselben Rezeptur hergestellt. Der neugierige Tourist, der wissen möchte, warum die Piazza weder nach Giovanni noch nach Giuseppe Cappellano benannt wurde, wird erfahren, daß Maria die unglückselige Tochter Giuseppes war und bereits in zartem Alter starb. Zu ihrem Gedenken erbaute der Vater diese Piazza mit dem Hotel und schenkte sie der Gemeinde.

Barolo als Medizin

Das italienische Gesetz klassifiziert den Barolo Chinato als »Vino speciale aromatizzato«. Die Grundsubstanz bildet natürlich der Barolo. In diesem speziellen Fall ist es allerdings erlaubt, Alkohol und Zucker zuzugeben. Erst einmal wird der Wein unter Zusatz verschiedener Gewürze, von denen die »china calissaia« (Chinarinde) das wichtigste ist, vergoren. Der auf diese Weise hergestellte Barolo Chinato wird vor allem als Digestif getrunken, aber auch ganz traditionell als Stärkungsmittel und Tonikum. Gegen Erkältungen trinkt man ihn heiß.

Als er auf den Markt kam, wurde er als Medikament und sogar als Mittel gegen Malaria angesehen. So definierte ihn einer seiner Väter, der Apotheker Giuseppe Cappellano, der ihn gegen Ende des letzten Jahrhunderts in seiner Apotheke in Turin verkaufte (auf dem Foto rechts sehen Sie ein altes Werbeplakat für den Barolo Chinato Cappellano). Der Urenkel Teobaldo Cappellano stellt ihn bis in unsere Tage nach dem Rezept aus dem Jahre 1870, das 13 verschiedene Gewürze vorschreibt, in seinem Betrieb in Serralunga her.

Aber in den Langhe braut bis heute jeder Winzer seinen persönlichen Barolo Chinato. Unter den Erzeugnissen, die heute noch im Handel sind, finden Sie neben dem Cappellano Giulio Cocchi und Gancia aus Asti sowie neuerdings auch den Chinato der Gebrüder Ceretto. Die Chroniken erinnern an die historischen Etiketten von Zabaldano aus Monforte, Borgogno aus Barolo und zu guter Letzt auch an einen Vermouth aus Barolotrauben des Apothekers Tarditi aus La Morra, der auf die Mitte des vergangenen Jahrhunderts zurückgeht.

Altes Plakat.

Die Weinberge von Serralunga

*Ausgangs- und
Zielort:*
SERRALUNGA

Länge:
4 KM

*Voraussichtliche
Dauer des Ausflugs:*

    1 STD.

    20 MIN.

B ei der Ortschaft Serralunga nehmen Sie die Provinzstraße nach Alba. Auf den ersten eineinhalb Kilometern bietet diese asphaltierte Straße einen weiten Panoramablick über die Hügelketten, derentwegen Sie ja auch diesen Ausflug machen. Vor Ihnen liegen die großen Lagen Santa Caterina, Lazzariasco, Lazzarito und Delizia. Kurz nach der Votivkapelle, die den Weg zum Friedhof weist, verlassen Sie die Provinzstraße und nehmen die Gemeindestraße nach Parafada-Gabutti, die links bergab führt und beschildert ist. Der Ausblick ist phantastisch: Vor Ihnen liegen die Hügel von Castiglione Falletto, Perno, La Morra. Hinter den Ortschaften Parafada und Gabutti ist die Straße nicht mehr asphaltiert und recht beschwerlich. Wenn Sie fast am Ende der Hügelflanke angekommen sind, wo der Wildbach Talloria fließt, biegen Sie nach links ab und steigen den Hügel in süd-östlicher Richtung auf dem Weg nach Feja wieder hinauf und halten auf das Dorf zu. Leider ist der Weg auf diesem Abschnitt nicht gut ausgewiesen, Sie können sich aber eigentlich nicht verlaufen. Weiter oben gehen Sie mitten durch die Weinberge und gelangen in den Hof der Borgata dei Vej. Ab hier ist die Straße wieder asphaltiert. Sie bietet auf dem restlichen Abschnitt bis zum Dorf einen schönen Rundblick über die Weinberge von Le Turne und Rivette.

Von Serralunga geht es weiter in die Hohen Langhe, deren erster Ort Roddino ist. Bevor Sie dort ankommen, biegen Sie rechts nach **Monforte** ab. Angesichts der Höhenlage (Sie befinden sich auf 600 Metern) verschwimmt die Landschaft vor den Augen, und der Blick schweift von Hügel zu Hügel, um sich schließlich im Alpenbogen zu verlieren. Zu Ihren Füßen erblicken Sie die letzten mit Wein bepflanzten Steilhänge, die in Wiesenland und Haselnußhaine übergehen. Dann geht es wieder bergab, und der Weinstock beherrscht wieder unumstritten das Landschaftsbild.

Am besten parken Sie das Auto in Monforte auf der Piazza Umberto I. und gehen zu Fuß zum oberen Teil des Ortes hinauf. Dort biegen Sie in die Via Marconi ein und folgen dann zunächst der Via Silvano und später der Via Goito, bis Sie auf die Piazza della Saracca treffen, wo früher Osterie und Botteghe stand und wo Markt und Messen abgehalten wurden. Hier nehmen Sie die Via Cavour und biegen links in die schattige Via della Chiesa ein. Bald befinden Sie sich auf der alten Piazza, die von einem Glockenturm überragt wird. Dieser mächtige romanische Turm ist alles, was von der mittelalterlichen Kirche übriggeblieben ist, die zu Beginn dieses Jahrhunderts abgerissen wurde.

Die Piazza, die vor einigen Jahren in ein Auditorium umgewandelt und nach einem Pianisten benannt wurde, der sie 1986 einweihte, hat eine äußerst eindrucksvolle Atmosphäre. Wenn Sie abends hierherkommen, werden Sie in das gedämpfte Licht der Piazza versenkt, in das Schweigen der alten Mauern. Den Hintergrund bilden der Palazzo der Adelsfamilie Scarampi aus dem 18. Jahrhundert, der barocke Betsaal der Chiesa Santa Elisabetta und die Fassade der Chiesa dei Disciplinanti Bianchi, die ein Pendant zum Glockenturm bildet.

Den Abstieg zum Borgo machen Sie über eine andere Straße, indem Sie die Unterführung auf der anderen Seite der Piazza nehmen. Die großen Bögen des unterirdischen Ganges stützten einst die Kirche aus dem Jahre 1622. Aber eine ganz andere Begebenheit regt die Phantasie der Bevölkerung an: Es wird erzählt, daß dieser Ort, besonders in dunklen und stürmischen Nächten, von Geistern heimgesucht wird, die laut stöhnen und klagen. Dies sind die Seelen der Katharer, die vor tausend Jahren den Hügel bewohnten. Monforte ist in der Tat nicht nur für seine Weine und den General Bava Beccaris berühmt, der sich hier niederließ, nachdem er

TIPS & INFOS
Ausführliche Informationen finden Sie auf Seite 90ff.

MONFORTE

17 Kilometer von Alba
Einwohner: 2030
Höhe: 528 m ü. d. M.
Postleitzahl: 12065
Vorwahl: 0173

Informationen
Municipio
Tel. 7 82 02

ÜBERNACHTEN

Albergo Giardino da Felicin
Via Vallada, 18
Tel. 7 82 25

Albergo Grapplolo d'oro
Piazza Umberto I, 4
Tel. 7 82 93

ESSEN

Giardino da Felicin★★
Via Vallada, 18
Tel. 7 82 25
Mittwochs geschlossen

Trattoria della Posta★
Piazza XX Settembre, 5
Tel. 7 81 20
Donnerstags geschlossen

Grappolo, d'oro
Piazza Umberto I, 4
Tel. 7 82 93
Dienstags geschlossen

La collina
Piazza Umberto I, 3
Tel. 7 82 97
Mittwochs geschlossen

EINKAUFEN

Leckereien
Antica Dispensa
Via Bava Beccaris, 3
Bricco Bastia

Haselnußkuchen
Panetteria Viberti
Via Palestro, 16

Wein
Enoteca Infernot
Via Palestro, 2

WEINKELLEREIEN

Unsere Adreßempfehlungen finden Sie auf Seite 92/93.

Die kleine Feldkirche Santo Stefano.

die Volksaufstände in Mailand im Jahre 1898 in Blut erstickt hatte. Vor allem ist dieser Ort deshalb bekannt, weil sich hier im Jahre 1028 die Tragödie der Katharer ereignete. Die Anhänger dieses Glaubens wurden von den bewaffneten Männern des mailändischen Bischofs niedergeschlagen und nach Mailand gebracht, wo sie vor die Wahl gestellt wurden, abzuschwören oder den Tod auf dem Scheiterhaufen zu erleiden.

Der Spaziergang führt weiter über die Via del Carretto, bis Sie auf die Piazza d'Assi stoßen. Die Piazza trägt diesen Namen aufgrund des Dielenbodens, der von einem Kupferdach geschützt wird. Es geht weiter über die Via delle Scuole. Dann nehmen Sie erneut die Via Marconi, bis Sie auf die Piazza Umberto I. zurückkehren, wo Sie sich in der Enoteca Infernot mit Wein, Grappa und Spezialitäten der Langhe versorgen können. Die Bäckerei Viberti hat eine gute Version des klassischen Haselnußkuchens anzubieten. Nicht weit entfernt, auf der Piazza XX Settembre, spielt man im Sommer Pantalera (eine Variante des Pallone Elastico, siehe Seite 22). Gleich gegenüber befindet sich die Trattoria della Posta, die wie das Ristorante Felicìn hervorragende, für die Langhe typische Küche bietet.

Wenn Ihnen von den langen Märschen noch nicht die Füße wehtun, sollten Sie, bevor Sie das Dorf verlassen, unbedingt noch eine halbe Stunde dem Besuch der Vororte **Perno** und **Castelletto** widmen. Dieser Rundgang, der nur wenige Kilometer lang ist, ist von einer einzigartigen Schönheit, vor allem im Herbst während der Weinlese. Die zwischen Weingärten und Kastellen, dem Vorort Perno, dem Kastell von Castiglione Falletto und Serralunga gelegene Chiesa di Santo Stefano a Perno bietet ein Stück Langhe in heiligem Frieden, weit entfernt von den stark befahrenen Straßen.

Von Perno fahren Sie ins Tal hinab und biegen dort nach Castelletto ab. Dort finden Sie die Chiesa dell'Assunta, in der Sie gut erhaltene mittelalterliche Fresken bewundern können.

Das Einzugsgebiet von Monforte ist ziemlich groß, und die Güter der Weinbauern sind überall verstreut, oftmals befinden sie sich an sehr schönen Stellen. Aldo Conterno finden Sie bei Bussia, Giacomo Conterno bei Ornati. Domenico Clerico und Valentino Migliorini sind über die Straße nach Monchiero zu erreichen. Auch Fantino in Fracchia ist nicht sehr weit entfernt, ebenso Parusso, Pira, Manzone und Seghesio, die Ihnen gerne die Türen zu ihren Weinkellern öffnen.

Zwischen Rebenreihen und Weinkellern

Die Route beginnt auf der Piazza Umberto I. Sie nehmen die Provinzstraße nach Roddino und biegen nach ca. einem Kilometer links in die Straße ab, die zum Ortsteil San Giuseppe führt. In dieser Gegend stand einst die Osteria del Ponte von Giacomo Conterno, einem der Väter des Barolo von Monforte. Wenn Sie in San Giuseppe angekommen sind, lassen Sie die dem heiligen Josef geweihte Kirche aus dem 18. Jahrhundert links liegen. Bald darauf stoßen Sie auf der leicht abschüssigen Straße auf die Gehöfte von Scaramuzza, einer kleinen, geschlossenen Häusergruppe mit Innenhöfen. Die Höfe bilden das Zentrum des bäuerlichen Lebens, an dem früher die gesamte Dorfgemeinschaft teilnahm. Wenn Sie den Weg fortsetzen, gelangen Sie nach Le Coste, einer Gruppierung von Bauernhäusern, die in einer Reihe entlang der Straße stehen. Von Le Coste steigen Sie in Richtung Pilone hinauf und verlassen die asphaltierte Straße. Nachdem

Ausgangs- und Zielort:
MONFORTE

Länge:
4 KM

Voraussichtliche Dauer des Ausflugs:

 1 STD.

 20 MIN.

Sie die Tenne und das Votivbild rechts hinter sich gelassen haben, gehen Sie durch die Weinberge hinunter, bis Sie wieder auf die Asphaltstraße nach Pian Romualdo treffen. An dieser Stelle biegen Sie rechts ab, gehen ein kurzes Stück bergauf und dann links die Sandstraße hinunter, die in ein kleines, von Pappeln beschattetes Tal führt. Den Hinweisschildern folgend biegen Sie rechts ab und steigen zwischen Wiesen, Feldern und Weinbergen wieder hinauf nach Le Coste, wo Sie auf der asphaltierten Straße den Rückweg nach San Giuseppe antreten.

Kastelle und fromme Kleinodien

Ausgangs- und Zielort:
MONFORTE

Länge:
11 KM

Voraussichtliche Dauer des Ausflugs:

 3¹/₂ STD.

 1¹/₂ STD.

Der lange, aber empfehlenswerte Ausflug führt über Hügelkämme und Talsohlen, durch Weinberge und Wälder, bietet herrliche Ausblicke auf die Hügel und Kastelle der Langhe und führt an interessanten Baudenkmälern vorbei. Der Weg beginnt oben im alten Dorfkern. Rechts von der Antica Dispensa (deren Spezialitäten aus den Langhe nicht nur eine Gaumenfreude, sondern auch eine Augenweide sind) folgen Sie der Asphaltstraße, die zum Friedhof führt. Kurz vor dem Friedhof biegen Sie nach rechts in die kleine Sandstraße ein, die auf dem Kamm entlang zur Provinzstraße nach Perno führt. Sie bleiben bis Perno auf dieser Straße. Am Ende des Weges steht oben auf einem Hügel, von Weinbergen umschlossen, die Friedhofskapelle Santo Stefano, die auf das 12. Jahrhundert zurückgeht. Sie weist eine romanische Apsis und Reste alter Fresken auf. Dann kommt Perno, beherrscht von seinem imposanten Kastell, das von seinem jetzigen Besitzer, Giulio Einaudi, restauriert wurde, aber nicht zu besichtigen ist. Sonntags wird auf dem kleinen Platz »Pallone Elastico« gespielt.

Auf Höhe der Straße nach Santo Stefano führt in entgegengesetzter Richtung eine Sandstraße nach Castelletto. Links liegt zunächst auf einem steilen Felsen das Dörfchen, dann kommen Sie durch einen Wald nach Castelletto hinunter. Dieser Ort verdankt seinen Namen den Resten einer alten Befestigungsanlage, von der auf der Höhe über dem Dorf noch vage Spuren zu sehen sind. Bevor Sie wieder nach Monforte hinaufsteigen, gehen Sie etwa hundert Meter talwärts. Dort treffen Sie auf die Kellerei von Josetta Saffirio, einer unternehmungslustigen Weinexpertin, die Ihnen gerne ihren Betrieb zeigt. Im Tal kann man den Weg nach Serralunga nehmen, das auf der anderen Seite liegt. Er führt auf der kleinen Straße nach La Feja. Im Tal treffen Sie auf ein Votivbild. Etwa zweihundert Meter weiter geht auf der rechten Seite eine von Pappeln beschattete Sandstraße in Richtung Serralunga ab. Kurz darauf, wenn Sie das Flüßchen Talloria überquert haben, steigen Sie auf der Straße nach La Feja den Hügel wieder hinauf. Von Castelletto geht es zurück nach Monforte. Verlassen Sie jedoch zuvor die Gemeindestraße, um der Chiesa della Madonna Assunta einen Besuch abzustatten, wo Sie ein Fresko der Muttergottes mit Kind und Vogel bewundern können.

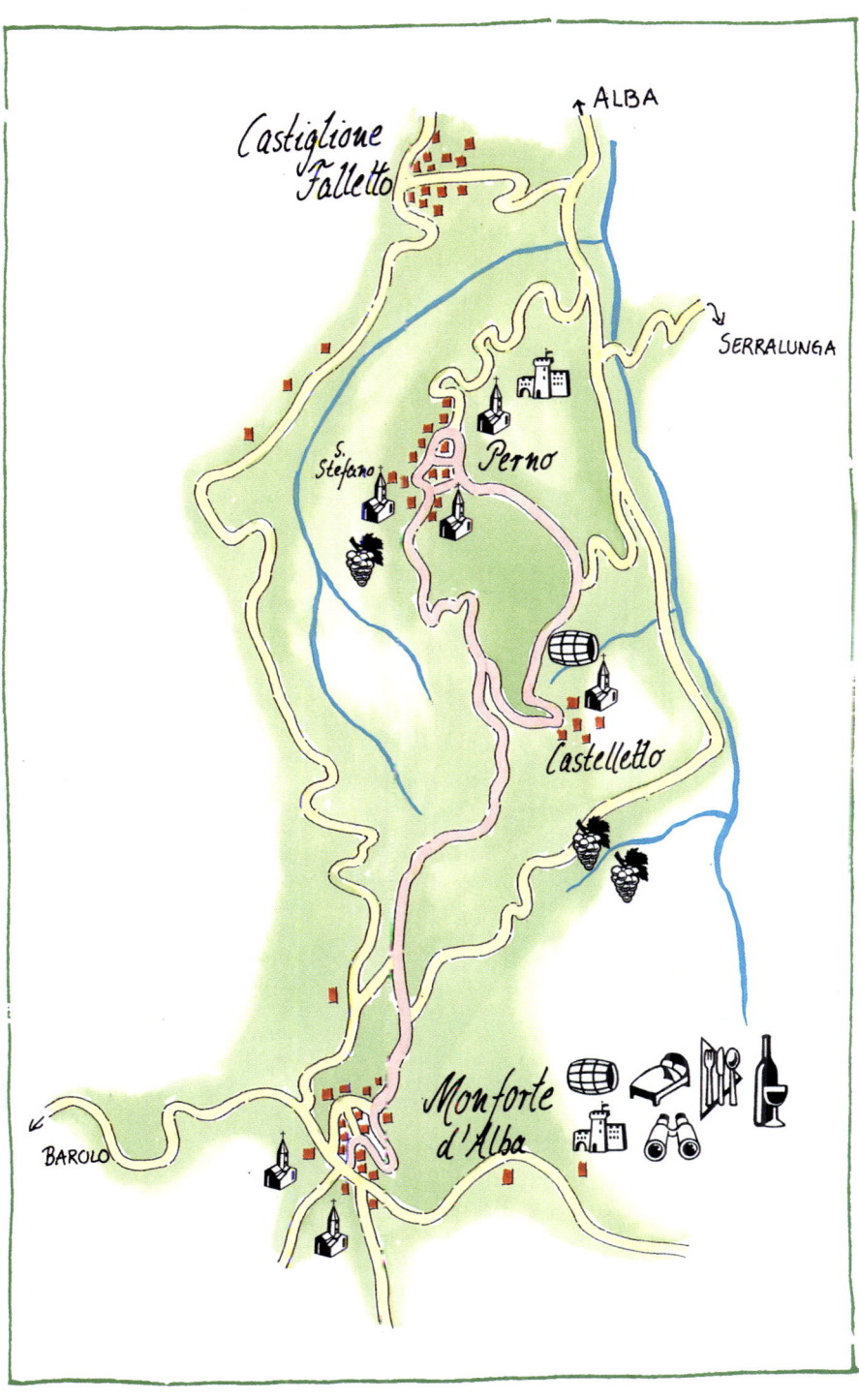

ALBA

Castiglione Falletto

SERRALUNGA

S. Stefano

Perno

Castelletto

BAROLO

Monforte d'Alba

Auf den Spuren alter Kirchen

Ausgangs- und
Zielort:
MONFORTE

Länge:
3,5 KM

Voraussichtliche
Dauer des Ausflugs:

    1½ STD.

   ½ STD.

Die Route beginnt bei der Cappella della Natività di Maria Vergine (im Volksmund Madonna delle Sette Vie genannt, weil sie an einer Wegkreuzung liegt), etwa fünfhundert Meter vom Hauptplatz entfernt an der Straße nach Monchiero und Barolo. In der Kirche, die auf das 15. Jahrhundert zurückgeht, befindet sich ein Fresko der Muttergottes mit Kind aus der gleichen Zeit. Seit der Pestepidemie des Jahres 1630 ist die Kirche das Ziel alljährlicher Wallfahrten. Nehmen Sie die Gemeindestraße rechts, die nach San Pietro führt. Auf dem Hügel von San Pietro erkennt man die Überreste eines mittelalterlichen Kastells mit Kirche. Nach etwa 700 Metern verlassen Sie die asphaltierte Straße und gehen unterhalb der Häuser von La Bettola in einen Wald hinein. Auf dem Hügelkamm folgen Sie den Hinweisschildern bis nach San Giovanni. An den Häusern des Dörfchens vorbei (das auf das 11. Jahrhundert zurückgeht), biegen Sie rechts ab und folgen der Sandstraße zwischen den Weinbergen bis zu dem Flüßchen Bussia hinab. Nachdem Sie dieses überquert haben, steigt die Straße wieder an und gabelt sich: Gehen Sie nach rechts weiter bis zu den Häusern von Bo. Dann setzen Sie Ihren Weg auf der asphaltierten Gemeindestraße fort, die zur Provinzstraße nach Monchiero hinauf in die Nähe des Ausgangspunktes zurückführt.

Wenn Sie das Dorf Monforte erkundet haben, halten Sie sich rechts, Richtung **Castiglione Falletto**. Nach wenigen Kilometern führt die Straße mitten in die Weinberge der Bussia-Lagen hinab. Wie ein Fächer öffnet sich der Blick auf die berühmtesten Lagen. Links breiten sich die beiden oberen Bussia-Lagen, Soprana und Sottana, aus. Rechts, auf dem Hügelausläufer von Perno, erblicken Sie den Hang von Santo Stefano mit der Kapelle (Bild Seite 64).

Auf diesem Weg werden Sie einige berühmte Barolo-Weinkeller entdecken, darunter Aldo Conterno, Armando Parusso und Pianpolvere Soprano. Der Weg in das Gemeindegebiet von Castiglione Falleto führt mitten durch die historischen Lagen Rocche, die in der Talsohle versinken, und den Weinberg Meriondino. Auf der Kuppe liegt die moderne Kellerei der Gebrüder Ceretto, die dort ihren berühmten Barolo Bricco Rocche herstellen.

In Zentrum von Castiglione erwartet Sie das Kastell mit seinen zylinderförmigen Ecktürmen und dem imposanten Hauptgebäude. Ort und Kastell bilden fast eine Einheit. Der Ort ist seit den Zeiten des deutschen Kaisers Otto bekannt. Im 13. Jahrhundert fiel das Kastell in den Besitz der Familie Falletti, die der Siedlung diesen Namen gab. Heute ist es in Privatbesitz und kann nicht besichtigt werden. Nur ein Spaziergang entlang der Stadtmauern kann dieses ruhige Dorf Ihnen bieten. Es sei denn, Sie entschließen sich zu einem Besuch in dem tiefen Weinkeller der Bottega Comunale del Vino.

TIPS & INFOS
Ausführliche Informationen finden Sie auf Seite 79f.

CASTIGLIONE FALLETTO

12 Kilometer von Alba
Einwohner: 510
Höhe: 350 m ü. d. M.
Postleitzahl: 12060
Vorwahl: 0173

Informationen
Municipio
Tel. 6 28 24

ÜBERNACHTEN

Residence Le Torri
Piazza V. Veneto, 1
Tel. 6 29 21

ESSEN

Gran Duca
Piazza del Centro, 4
Tel. 6 28 29
Montags geschlossen

Le Torri
Piazza V. Veneto, 1
Tel. 6 29 55
Montagabend und dienstags geschlossen

Mehl, Eier, Salz und das Wissen der alten Hausfrauen sind die einfachen Zutaten der Tajarin (dünne, feine Schnittnudeln), einer der Eckpfeiler der piemontesischen Regionalküche.

WEINKELLEREIEN

Azelia
Strada Alba-Barolo, 27
Tel. 6 28 59

Fratelli Brovia
Strada Alba-Barolo, 28
Tel. 6 28 52, 6 29 34

Fratelli Cavallotto
Località Bricco Boschis
Tel. 6 28 14

Saverio Fontana
Regione Pugnane, 9
Tel. 6 28 44

Monchiero fratelli
Strada Alba-Monforte, 49
Tel. 6 28 20

Gigi Rosso
Strada Alba-Barolo, 20
Tel. 26 23 69

Paolo Scavino
Strada Alba-Barolo, 33
Tel. 6 28 50

Cantina Terre del Barolo
Strada Alba-Barolo, 5
Tel. 26 20 53

Vietti
Piazza V. Veneto, 5
Tel. 6 28 25

An Castiglione scheint die Zeit unbemerkt vorüber-gegangen zu sein. Es gab aber Zeiten großer Aufregung sowie viele soziale und kulturelle Veränderungen. Hier wurde die heutige Produzenten-Kooperative »Terre del Barolo« ins Leben gerufen. Dieses Dorf hat auch einen Mann wie Ferdinando Vignolo Lutati hervorgebracht, der gleichzeitig Chemiker, Waren- und Naturkundler war und Stück für Stück die Weinberge bearbeitete, um in den Langhe eine phantastische Reblandschaft zu schaffen. Er legte die ersten Grenzen der späteren »Zona del Barolo« fest, und seine Arbeit ist auch am Ende unseres Jahrhunderts noch von wissenschaftlichem Wert. Das Haus des berühmten Gelehrten, mit den vielen kleinen Bögen, die auf die Piazzetta del Castello blicken, wurde vor einigen Jahren in ein Restaurant um-gewandelt.

Nach dem Spaziergang könnten Sie die Gastfreund-schaft der Familie Cavallotto genießen, deren Weinkeller sich am Rande des Ortes, auf der Straße nach Alba be-findet. Die schier endlose Reihe von Weinfässern erzählt die lange Geschichte ihres Barolo, der auf klassische Weise hergestellt wird.

Zu den alten piemontesischen Weinfässern gesellen sich langsam auch Edelstahltanks und Barriques.

La strada del Grosso

S ie verlassen das Dorf über die Provinzstraße in Richtung Alba. Nach knapp hundert Metern biegen Sie links in eine abschüssige Sandstraße ein. Es handelt sich um die alte Straße, die Castiglione mit der Talsohle verband, genannt La Strada del Grosso. In kurzer Zeit gelangt man ins Tal, in die Gegend von Garbelletto. Auf dem Weg genießt man den Blick auf die berühmten Weinberge Monprivato, Codana und Vignolo. Hier haben mehrere Weinkellereien ihren Sitz: die Weinkellerei Azeglio von Lorenzo Scavino, die von Paolo Scavino und die der Gebrüder Brovia. Sie können sie auch besichtigen. Den Rückweg können Sie eventuell über Bussia Sottana nehmen, wie es für den anschließenden Ausflug vorgesehen ist. Von Garbelletto müssen Sie dann links die Provinzstraße nach Barolo einschlagen. Nach etwa einem halben Kilometer treffen Sie rechts auf die kleine asphaltierte Strada della Bussia.

V on Castiglione folgen Sie der Provinzstraße nach Monforte. Gleich hinter dem Ort begegnen Sie dem Gut der Gebrüder Monchiero und weiter vorn, auf der Anhöhe, dem Betrieb Bricco Rocche der Gebrüder Ceretto und schließlich dem von Armando Parusso. Sie gehen den Hügelkamm entlang und folgen dem Hinweisschild nach Bussia Sottana. Zu Ihrer Linken befinden sich die gleichnamigen Weinberge, zu Ihrer Rechten die Lage Le Monie. Auf der Talsohle angelangt, können die Fahrradfahrer den Rückweg nach Castiglione hinauf über die Provinzstraße nach Alba beginnen und dann nach rechts abzweigen. Auf diesem Weg kommen Sie an der Winzergenossenschaft Terre del Barolo vorbei. Andernfalls können Sie links nach Barolo weiterfahren. Zu Fuß nimmt man am besten die Strada del Grosso, um nach Castiglione zurückzukehren.

Ausgangsort:
CASTIGLIONE FALLETTO

Zielort:
GARBELLETTO (TALSOHLE ALBA-BAROLO)

Länge:
1,5 KM

Voraussichtliche Dauer des Ausflugs:

20 MIN.

10 MIN.

Ausgangsort:
CASTIGLIONE FALLETTO

Zielort:
TALSTRASSE ALBA-BAROLO

Länge:
2,5 KM

Voraussichtliche Dauer des Ausflugs:

45 MIN.

20 MIN.

Tips & Infos
Ausführlicher Adreßteil

Hotels, Restaurants, Osterie, Weinkellereien, Bars, Cafés, Läden, Werkstätten, Ferien auf dem Bauernhof, von Arcigola Slow Food ausgewählt

Essen und Trinken

Trattoria Roma	Restaurant mit guter Küche
Trattoria Roma ★	Restaurant mit bemerkenswert guter Küche
Trattoria Roma ★★	Restaurant mit ausgezeichneter Küche, nicht versäumen

 Restaurant, das uns besonders gut gefällt aufgrund seines gemütlichen Ambientes, der traditionellen Küche und der unverfälschten Gastfreundschaft

Die Weinberge von Barbaresco.

ALBA

Vorwahl: 0173

ÜBERNACHTEN

Hotel Ave
Via Einaudi, 5
Tel. 36 12 56
3 Sterne
14 Zimmer mit, 4 ohne Bad.
Parkplatz.
Preise: Einzelzimmer mit Bad
65 000 Lire, ohne Bad
40 000 Lire; Doppelzimmer
mit Bad 90 000 Lire, ohne
Bad 70 000 Lire.
Kreditkarten: die gängigsten

*Guter Komfort. Das Hotel liegt
am Rande der Altstadt.*

Albergo Leon d'Oro
Piazza Marconi, 2
Tel. 44 19 01
2 Sterne
12 Zimmer mit Bad.
Restaurant, Bar, Parkplatz.
Preise: Einzelzimmer
40 000 Lire, Doppelzimmer
63 000 Lire.
Keine Kreditkarten

*Das Hotel befindet sich in der
Altstadt. Die Zimmer sind ein-
fach und zweckmäßig. Großer
Parkplatz auf der Piazza.*

Motelalba
Corso Asti, 5
Località Rondò
Tel. 36 32 51
3 Sterne, 2. Kategorie.
94 Zimmer mit Bad. Bar,
Kongreßsaal, Parkplatz.
Preise: Einzelzimmer
65 000 Lire, Doppelzimmer
90 000 Lire.
Kreditkarten: die gängigsten

*Ein Neubau am Stadtrand,
auf der Staatsstraße nach Asti.
Es ist einfach zu erreichen, gast-
freundlich und komfortabel.*

Albergo Piemonte
Piazza Rossetti, 6
Tel. 44 13 54
2 Sterne
10 Zimmer mit Bad.
Restaurant, Bar, Parkplatz.
Preise: Einzelzimmer
45 000 Lire, Doppelzimmer
65 000 Lire.
Kreditkarten: CartaSì

*Einfaches Hotel, mitten in der
Altstadt.*

Albergo Savona
Via Roma, 1
Tel. 44 04 40
3 Sterne
98 Zimmer mit Bad, davon
6 Minisuiten mit Whirlpool,
Restaurant, Bar, Konferenz-
raum, Parkplatz.
Preise: Einzelzimmer
65 000 Lire, Doppelzimmer
90 000 Lire, Suite 140 000.
Alle Kreditkarten

*Ein kürzlich restauriertes Hotel
mit alter Tradition, in der Altstadt gelegen und bequem zu
erreichen. Die Zimmer sind
sehr komfortabel. Ein geeigne-
ter Ausgangspunkt für einen
Besuch der Stadt und der
Langhe.*

**Azienda agrituristica
Reiné-La Meridiana**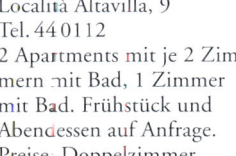
Località Altavilla, 9
Tel. 44 01 12
2 Apartments mit je 2 Zim-
mern mit Bad, 1 Zimmer
mit Bad. Frühstück und
Abendessen auf Anfrage.
Preise: Doppelzimmer
60 000 Lire
Keine Kreditkarten

*Gediegenheit, guter Geschmack
und herzliche Gastfreundschaft
charakterisieren diese Residenz
auf dem Hügel von Alba, an*

*einem ruhigen Ort, mitten im
Grünen. Gut geeignet für einen
kurzen Erholungsurlaub.*

ESSEN

Osteria dell'Arco ★
Piazza Savona, 5
Tel. 36 39 74
Sonntags geschlossen
Keine Betriebsferien
35 Plätze
Preise: 35 000 Lire, ohne
Wein
Alle Kreditkarten

*Der Eßsaal ist ein wenig rusti-
kal. Die massive Holztheke am
Eingang und die schöne Fla-
schensammlung verbreiten sofort Gemütlichkeit. Von der
großen Weinkarte können Sie
nicht nur Raritäten, sondern
auch ökologische Neuheiten der
Langhe wählen. Beim Essen
können Sie sich dem Tagesmenü
anvertrauen oder à la carte
speisen. Der Maître Firmino
Buttignol wird gerne Ihren
Wünschen nachkommen. Die
Küche hat sich von der Tradition nicht entfernt, wurde aber
dank der Inspirationen der beiden jungen Chefs Davide und
Daniele um einige geschmack-
volle Variationen bereichert.
Folgende Gerichte gibt es regelmäßig: Carne cruda all'albese
(eine Art Tartar), Gemüseauflauf, Fonduta (Käsecreme)
mit weißer Trüffel aus Alba,
Tajarin, Kichererbsensuppe und
Risotti. Bei den Fleischgerichten finden Sie Kalbsschnor-
braten, Kaninchen in Arneis
und Lamm mit Thymian.
Zum Dessert gibt es Bonet oder
die schon klassische Süßspeise
dell'Arco (Torrone, Haselnüsse
und Amaretti mit Schoko-
ladensauce).*

Daniel's Al pesco fiorito
Corso Canale, 28
Tel. 44 19 77
Montags geschlossen
Betriebsferien im August
Plätze: 50
Preise: 45 000-50 000 Lire
Kreditkarten: AE, BA, CartaSì

Das Lokal wird von der Er-
fahrung und dem Können des
großen Chefs Mauro Penna ge-
tragen. Im Saal herrscht Enzo
Varaldo als Patron Sommelier.
Die Gerichte sind die Klassiker
der Langhe, der Wein ist er-
lesen, aus den besten Lagen
Piemonts, aber auch von jen-
seits der Alpen. Empfehlens-
wert sowohl für ein kleines
Arbeitsessen als auch für ein
ausgiebigeres Abendessen.

Porta San Martino
Via Einaudi, 5
Tel. 36 23 35, 28 38 66
Montags geschlossen
Betriebsferien Juli-August
Plätze: 50
Preise: 45 000-50 000 Lire,
ohne Wein
Alle Kreditkarten

In diesem einfachen, familiären
Lokal finden Sie die gute Küche
der Langhe, mit sehr typischen
Gerichten: Carne cruda all'al-
bese, Agnolotti al Plin, Hühner-
innereien und auf Bestellung
Fritto misto. Man beschließt
das Essen mit dem Bonet oder
dem Semifreddo al Torrone. In
der Küche wirkt die Mutter
Marisa Pavesio, im Saal die
Tochter Enrica. Weine von
guter Qualität.

Il Vicoletto ★
Via Bertero, 6
Tel. 36 31 96
Sonntagabend und montags
geschlossen
Betriebsferien Juli-August
Plätze: 40
Preise: 50 000 Lire, ohne
Wein
Kreditkarten: AE, BA, Visa

In der Altstadt, gleich hinter
der Piazza Pertinace, haben
Bruno und Ilva Boggione ein
einfaches, aber elegantes und
komfortables Lokal eingerichtet.
Charakteristisch ist die leichte,
solide Landesküche mit erst-
klassigen Zutaten, die ab und
zu ein wenig mit kreativen
Ideen abgewandelt wird. Die
Weinkarte ist nicht groß, aber
gut und persönlich zusammen-
gestellt.

Osteria Italia
San Rocco
Seno d'Elvio, 6
Tel. 44 15 47
Montags geschlossen
Betriebsferien im Mai
Preise: 30 000 Lire, ohne
Wein
Alle Kreditkarten

In einem Vorort von Alba führt
eine Gruppe junger Leute ein
zwangloses Lokal, das sich gut
für einen Imbiß eignet. Es ist
immer mit Jugendlichen über-
füllt, vor allem bei Jazzaben-
den, Cabaretvorstellungen und
anderen künstlerischen Dar-
bietungen, die hier regelmäßig
stattfinden.

EINKAUFEN

Barolo Chinato, Torrone
Drogheria Carosso
Via V. Emanuele, 23

Diese Drogheria bietet eine
große Auswahl von hoher Qua-
lität. Vor einigen Jahren wurde
auch die Skala der Weine und
Destillate erweitert.

Typische Süßigkeiten
Pettiti
Via V. Emanuele, 25

Eine Konditorei mit Café, die
sowohl von der Einrichtung als
auch von der Atmosphäre her
an die Zeit um die Jahrhun-
dertwende erinnert: köstliche
Marron Glacé, Feingebäck und
süße Trüffeln.

La casa del torrone
Io, tu e i dolci
Piazza Savona, 12

Der grillenhafte und äußerst
aktive Beppe Scavino erfindet
unaufhörlich neue Spezialitä-
ten und erneuert die traditio-
nellen Süßigkeiten auf raffi-
nierte Weise. Den Torrone al
Cioccolato sollten Sie unbe-
dingt probieren.

Cignetti
Via V. Emanuele, 3

Hervorragende heimische Spe-
zialitäten: Albesi aus Schoko-
lade, weiße Trüffeln und Tor-
rone.

Grappe
Distilleria Santa Teresa
Case Sparse, 35
Mussotto di Alba
Tel. 3 31 44

Die Gebrüder Marolo destillie-
ren seit 1977 Trester von den
Rebsorten des Piemont: Heute
haben sie 13 Grappe im Ange-
bot, unter denen besonders die
aus Arneis und Moscato heraus-
ragen. Besichtigung der Fabrik
und Verkauf nach Voranmel-
dung.

Handgerollte Grissini
Panetteria Tarable
Via V. Emanuele, 6

Hier werden täglich frisch
handgefertigte Grissini und
rustikales Brot gebacken. Zur
Saison auch selbstgemachte
Panettoni.

Trüffeln

Mercato del cortile della Maddalena
Via V. Emanuele

Von Oktober bis Dezember wird hier jeden Samstag der traditionelle Trüffelmarkt gehalten. Hier treffen sich Trüffelsucher und Händler. Das weiße Gold wird mit 100 000-Lire-Scheinen gehandelt , aber um nur zu probieren, muß man nicht so viel ausgeben. Im letzten Herbst lag der Preis für 100 Gramm zwischen 80 000 und 150 000 Lire, wobei manche Trüffeln auch einen Preis von 200 000 Lire erzielt haben. Dieses Jahr ist ein Prachtexemplar von einem Kilo und 400 Gramm für 3 Millionen Lire versteigert worden.

Aldo Martino
Via V. Emanuele, 27

Bester Markt für Gemüse und Frühgemüse. In der Saison auch Trüffeln und Pilze.

Tartufi Ponzio
Via V. Emanuele, 26

Der älteste Trüffelhändler Albas. Die Trüffeln werden hier auch außerhalb der Saison konserviert angeboten. Ponzio führt außerdem frische Pasta wie Agnolotti al plìn und Tajarin (Schnittnudeln), sowie Murazzano, kleine DOC-Käse aus Schafs- und Kuhmilch.

Polleria Ratti
Via Emanuele, 18

Weiße Trüffel sowie Huhn und Lamm aus den Langhe.

Tartufi Morra
Piazza Pertinace, 3

Der Markenname Tartufi Morra ist immer noch ein Begriff für Feinschmecker. Giacomo Morra, König der Trüffeln, machte in den 50er und 60er Jahren die Weingastronomie von Alba in der halben Welt bekannt. Der Laden wird dreißig Jahre nach seinem Tod in seinem Andenken unter einem neuen Besitzer weitergeführt. Das Geschäft, das sich in einem Palazzo aus dem 13. Jahrhundert befindet, bietet frische und konservierte Trüffeln sowie andere, aus Trüffeln hergestellte Produkte: den Croton-Käse (Ziegenkäse, der in kleinen Tuffsteinhöhlen reift), getrüffeltes Wildbretpâté und mit Trüffeln aromatisierte Butter.

Wein

Enoteca Fracchia
Via Vernazza, 9

In der Nähe der Piazza del Duomo hat die Enoteca von Rita Fracchia in einem großen umgebauten Palazzo ihren Sitz. Der Verkaufsraum befindet sich im Erdgeschoß, und im Keller ruhen bei der richtigen Temperatur die großen Jahrgänge, nicht nur aus Alba. Angemessene Preise und Freundlichkeit werden in diesem Geschäft groß geschrieben. Verkostung auf Anfrage.

Grandi vini
Via V. Emanuele, 1/A

Luciano Maccario hat vor einigen Jahren diese elegante und raffinierte »Bottega del vino« eröffnet. Hier finden Sie die namhaftesten Erzeugnisse Albas.

'I crotin
Via Cuneo, 3

Diese Enoteca, mit großem Sachverstand von Bruno Delatorre geleitet, bietet eine gute Auswahl der Weine von Alba. Bemerkenswert ist auch die Sammlung der Grappe. Das Geschäft befindet sich wenige Schritte von der Via Maestra und der Piazza Savona entfernt und verfügt über einen sehr schönen Weinkeller für die Ausstellung der Flaschen.

Peccati di gola
Via Cavour, 11

Das Geschäft, das eigentlich als Enoteca gedacht war, präsentiert sich mittlerweile als ein richtiger Lebensmittelmarkt: Trüffeln der Saison, heimische Salami und Käse. Unter letzteren der Caprino di Don Verri di Seròle, einem Dorf der Hohen Langhe, wo der Robiola DOC hergestellt wird. Hier finden Sie auch den Robiola aus den Langhe, einem engen Verwandten des Murazzano, der aus Schafs- und Kuhmilch, selten auch mit Ziegenmilch hergestellt wird.

AUF EINEN KAFFEE ODER EINEN APERITIF

Caffè Calissano
Piazza Duomo, 3

Das Ende des 19. Jahrhunderts gegründete Café trägt den Namen dieser berühmten Familie aus Alba, die einen hoch angesehenen Weinbaubetrieb besaß. Heute erstrahlen nach der umfassenden Renovierung die vergoldeten Stuckarbeiten des Salons, die antiken Spiegel und die Messingtheke in neuem Glanz. Hervorragend die Aperitifs sowie ein gutes Angebot an Weißweinen und Spumanti zum Probieren.

Caffè Corallo
Piazza Savona, 3/C

Geeignet für einen schnellen Kaffee oder Aperitif unter den Arkaden der Piazza Savona in einem modernen Ambiente, das ein wenig verschönert wird durch getäfelte Wände.

Caffè Rossetti
Piazza Rossetti, 4

Vor allem im Sommer genießt man hier im Freien, im Schatten des Domes, köstliche Eiscremesorten.

La Torre
Via Cavour, 13

Eine gute Adresse für einen schnellen Mittagsimbiß im Nebenraum.

Bar Umberto
Piazza Savona, 4

Die Familie Boffa hat diese historische Bar im Juni 1991 übernommen und ihr den antiken Glanz wiedergegeben. Seele des Lokals ist Roberto ›Bacio‹ Boffa. Das Ambiente ist freundlich, und man verkostet gute Weine.

Caffè Vergnano
Via Cavour, 11 Ecke Via Macrino

Kaffeerösterei und Verkauf des gleichnamigen Kaffees. Bei Vergnano trinkt man das beste Täßchen in ganz Alba. Nur im Stehen.

WEINKELLEREIEN

Fratelli Ceretto
Località San Cassiano, 34
Tenuta la Bernardina
Tel. 28 25 82

Eine der wichtigsten Adressen der Region für neue Weinmacher. Hohe Investitionen, besondere Imagepflege und Weine

von hoher Quaütät sollen die Weltmärkte erobern. Die klassische Skala der Weine der Langhe und einige Neuheiten sind bei den beiden rastlosen Brüdern in Sicht. Kein Direktverkauf.

Cascina Drago
San Rocco Seno d'Elvio
Tel. 3 38 98, 29 01 48

Eine sichere Adresse für Qualitätsweine: vom klassischen Dolcetto über den ungewöhnlichen Pinot Nero bis hin zum einzigartigen Bricco del Drago, eine Verarbeitung von Dolcetto und Nebbiolo.

Franco Fiorina
Via della Liberazione, 3
Tel. 44 02 34

In diesem Betrieb, der Trauben aus eigenen und fremden Weinbergen verarbeitet, findet man das ganze Panorama piemontesischer Weine.

Cascina Galluccio
Località Biglini, 74/D
Tel. 3 41 09

Zwischen den Langhe und Roero gelegen, bietet diese Weinkellerei neben dem Dolcetto delle Langhe auch Moscato d'Asti, Arneis, Roero und Chardonnay.

Armando Piazzo
San Rocco
Seno d'Elvio, 31
Tel. 3 56 89

Einer der größten Landwirtschaftsbetriebe des gesamten Gebiets, der die vollständige Auswahl der Langhe-Weine zu vernünftigen Preisen anbietet.

Pio Cesare
Via Balbo, 6
Tel. 44 03 86

Dieser Name ist fest mit der Geschichte des Barolo verbun-

den. Hier werden Barolo und Barbaresco und darüber hinaus moderne Weine wie Piodelei und der im Barrique gereifte Chardonnay hergestellt.

Alfredo Prunotto
Località San Cassiano, 49
Tel. 28 00 17

Eine weitere traditionsreiche Weinkellerei der Langhe. Heute befindet sie sich in Besitz der Marchesi Antinori. An der Produktionsphilosophie, die in Qualität und Tradition verankert ist, hat sich nichts geändert. Die ganze Palette der Rotweine der Langhe auf höchstem Niveau.

Francesco Rinaldi e figli
Via Umberto Sacco, 4
Tel. 44 04 84

Nochmals ein Name, der zur Geschichte des Barolo gehört und mit einer Weinproduktion von hoher Qualität zu äußerst interessanten Preisen für Qualität und Traditionstreue bürgt.

Cooperativa Santa Rosalia
Località Santa Rosalia, 30
Tel. 28 02 17

Zu dieser Genossenschaft haben sich einige Kellereien Albas zusammengefunden. Der biologische Dolcetto ist eine Kostprobe wert.

Mauro Sebaste
Via Garibaldi, 222
Frazione Gallo
Tel. 26 21 48

Mauro Sebaste hat vor kurzem die Leitung des Betriebs seines Schwagers übernommen. Er produziert, zum Teil aus Trauben eigener Weinberge, zum Teil aus gekauften, die klassischen Weine der Langhe.

BAROLO

Vorwahl: 0173

ÜBERNACHTEN

Hotel Barolo
Via Lomondo, 2
Tel. 5 63 54
3 Sterne
31 Doppelzimmer mit Bad,
einige mit Hydromassage.
Bar, Restaurant, Parkplatz.
Preise: Doppelzimmer
85 000 Lire
Kreditkarte: CartaSì

Das Hotel befindet sich gleich vor der Stadt, mitten in den Weinbergen. Die Lage ist sehr ruhig und bietet einen schönen Ausblick auf Barolo und die umliegenden Weinhügel. Die Einrichtung stammt vom Ende des 19. Jahrhunderts, ist einfach und besitzt eine rustikale Note. Auf der Eingangstür befindet sich eine Kupfermedaille mit dem Namen eines historischen Barolo Cru. Freundlichkeit und Professionalität sind seit jeher Markenzeichen der Familie Brezza.

Albergo del Buon Padre
Frazione Vergne
Via delle Viole, 2
Tel. 5 61 92, 5 63 29
Zwei Sterne, 3. Kategorie.
9 Zimmer, davon 6 mit Bad
und WC.
Preise: Einzelzimmer
45 000 Lire, Doppelzimmer
65 000 Lire.
Kreditkarten: EC

In dem Ortsteil Vergne, nicht weit vom Zentrum Barolos entfernt, befindet sich dieses ländliche Hotel.

Azienda Agrituristica Claudio Fenocchio
Via Alba, 79
Tel. 7 83 11
6 Zimmer, zwei Bäder.
Preise: Doppelzimmer
50 000 Lire

*Einfach und gemütlich, in einem schön renovierten Hof, im Herzen eines der wertvollsten Weinberge der Langhe: der Bussia. Hier kann man selbst kochen oder auf Vorbestellung im Bauernhaus traditionelle Gerichte genießen und dazu die in der eigenen Kellerei hergestellten Weine kosten.
Die Weinkellerei können Sie im Ortsteil Bussia Sottana, in der Gemeinde Monforte, besichtigen.*

ESSEN

Brezza*
Via Lomondo, 2
Tel. 5 63 54
Dienstags geschlossen
Betriebsferien: 15 Tage im Februar
Plätze: 100
Preise: 40 000 Lire, ohne Wein
Kreditkarten: CartaSì

Die Küche von Mariuccia Brezza ist bekannt und geschätzt, seit die Familie das gleichnamige Lokal im Zentrum des Ortes führt. Zu ihren Nudelgerichten gehören die Tajarin und Agnolotti al plin, bei den Fleischgerichten, vom Schmorbraten bis zum Wildbret, trägt alles das Merkmal der Unverfälschtheit. Die Zutaten sind ausgesucht und mit sicherer Hand zubereitet. An den Tischen unterhält der allgegenwärtige Oreste Brezza gerne die Gäste, während Mutter Carla und Tochter Tiziana mit Sorgfalt und Liebenswürdigkeit servieren. Die Einrichtung ist einfach und von gutem Geschmack. Im Sommer kann man auch im Freien auf einer schönen Terrasse speisen. Große Auswahl heimischer Weine.

Locanda nel Borgo Antico**
Piazza del Municipio, 2
Tel. 5 63 55
Mittwochs geschlossen
Betriebsferien: Januar und Februar
Plätze: 40
Preise: 40 000 Lire, ohne Wein
Kreditkarten: BA, CartaSì

Mitten im alten Teil von Barolo befindet sich dieses kleine und anmutige Ristorante, dessen Räume ein wenig karg, aber mit Geschmack eingerichtet sind. Massimo Camia, der in Mondovì Erfahrungen gesammelt hat, bietet mit seiner Küche, die zu den herausragenden der Gegend gehört, einige gelungene Erfindungen, wie die Gnochetti al Castelmagno, Kaninchenmedaillons und das Sottofiletto al Nebbiolo. Seine Frau Luciana unterstützt ihn in der Führung der Locanda. Die Weinkarte bietet eine gute, reiche Auswahl. Jede Woche ist ein Barologut im Ausschank. Massimo präsentiert neben der Speisekarte zwei Menüs zu 35 000 und 45 000 Lire.

EINKAUFEN

Cacciatorini al Barolo

**Macelleria-salumeria
Canonica**
Via Roma, 39

Canonica stellt eine große Auswahl roher Salami her, deren Brät mit Barolo weichgemacht wird: Das Ergebnis ist ein unvergeßliches Gemisch von Düften und Geschmacksnoten. Probieren sollten Sie auch die Knoblauchsalami. Beide schmecken am besten mit einem Glas Dolcetto.

Handgerollte Grissini, Gebäck

Panetteria Cravero
Via Roma
Piazzetta del Castello

Gugliemo Cravero rollt die Grissini mit Geschicklichkeit per Hand und backt sie im Holzofen. Sie sind knusprig und fettfrei. Es duftet nach Brot und den Paste di Meliga, die nach dem alten barolischen Rezept von seiner Schwester Daniela hergestellt werden. Sie haben die Form von Kringeln und duften nach Zitrone. Sie passen gut zum Tee, zur Zabaione, oder man stippt sie in Moscato oder roten Jahrgangswein. Der Teig ist eine ausgewogene Mischung aus Weizen- und Maismehl, die hier meliga genannt wird. Empfehlenswert ist auch die Haselnußtorte. Bei den Lebensmitteln finden Sie auch andere typische Produkte der Langhe sowie Käse aus Cuneo.

Wein

Enoteca Regionale del Barolo
Piazza Castello
Tel. 5 62 77
Öffnungszeiten: 10.00-
12.30; 15.00-18.30 Uhr
Donnerstags geschlossen
Betriebsferien: Januar

In den gräflichen Kellern, dort wo die Marchesa Giulia den ersten Barolo taufte, präsentiert die Enoteca del Barolo die größte Auswahl an Etiketten und Jahrgängen des Barolo-Produktionsgebiets.

WEINKELLEREIEN

Fratelli Barale
Via Roma, 6
Tel. 5 61 27

Die ganze Auswahl der Rotweine der Langhe wird hier hergestellt, wobei sowohl die Tradition als auch notwendige Erneuerungen im Auge behalten werden. Crus von Barolo, Barbaresco und Dolcetto, zu dem sich seit kurzem auch ein guter Weißer aus Chardonnay- und Pinottrauben gesellt hat.

Enrico Bergadano e figli
Via Alba, 26
Tel. 5 61 77

Ein kleines Familienunternehmen unter der Leitung des Vaters Enrico und des Sohnes Pier Carlo. Es wird Barolo von La Mandorla sowie Dolcetto aus der Bussia von Monforte produziert.

Giacomo Borgogno e figli
Via Goberti, 1
Tel. 5 61 08, 5 63 34

Dolcetto, Barbera, Nebbiolo, Barolo, Barbaresco: Die Kellerei Borgogno, die zu den historischen Namen in der Weinszene Albas gehört, bleibt ihrer im letzten Jahrhundert begonnen Linie treu. Das große Lager alter Barolo-Jahrgänge ist nahezu einzigartig.

Giacomo Brezza e figli
Via Lomondo, 2
Tel. 5 61 91

Die Familie Brezza , die auch das gleichnamige Restaurant

mit Hotel besitzt, stellt schon immer Wein aus den Trauben der eigenen Weinberge her. Barolo, Dolcetto, Barolo aus wertvollen Lagen. Der Barolo ist ihr Bravourstück.

Bartolo Mascarello
Via Roma, 15
Tel. 5 61 25

Bartolo Mascarello ist vielleicht einer der letzten noch tätigen großen Barolo-Hersteller. Im Weinkeller stehen ihm seine Frau, seine Tochter und der Weintechniker Alessandro Fantino zur Seite. Er produziert gemäß der klassischen Technik aus Trauben verschiedener Weinberge und irrt sich bei keinem Barolo-Jahrgang. Weitere traditionelle Erzeugnisse des Hauses: Dolcetto, Freisa, Nebbiolata und Grignolino.

Marchesi di Barolo
Via Alba, 12
Tel. 5 61 01

Was Größe und Tradition anbelangt, eine imposante Weinkellerei, die fast alle piemontesischen Weine abfüllt und nie die Qualität außer acht gelassen hat. Vor kurzem hat sie eine Serie von Barolo-Crus auf den Markt gebracht, die aus Trauben der eigenen Weinberge hergestellt wird.

Giuseppe Rinaldi
Via Monforte, 3
Tel. 5 61 56

Der Betrieb stellt seinen Barolo nur aus Trauben der eigenen Weinberge mit den klassischen Techniken her. Der Wein reift lange, bis er in den Handel kommt. Barbera und Dolcetto vervollständigen das Angebot.

Luciano Sandrone
Via Alba 57
Tel. 5 62 39

Ohne Zweifel einer der Hauptverantwortlichen für den neuen Aufschwung, den der Barolo in den letzten Jahren erlebt hat. Die Weinkellerei von Luciano und Luca Sandrone ist eher klein, aber sie hat in den letzten Jahren mit ihrem Barolo Cannubi Bocis die Herzen der Weinkenner erobert.

Giorgio Scarzello e figli
Via Alba, 29
Tel. 5 61 70

Eine weitere kleine, aufstrebende Weinkellerei. Sie verfügt nur über wenige Hektar Weinberg, aber über die richtige Philosophie, um Qualitätsweine herzustellen. Dolcetto und Barolo von großer Klasse.

Sylla Sebaste
San Pietro delle Viole
Tel. 5 62 66

Die neue, dynamische Eigentümerin hat frischen Wind in den Betrieb gebracht, der schon immer für Freisa und natürlich den Barolo bekannt war. Sie sollten auch den Bricco Viole und den Passo delle Viole sowie die Auswahl an Weißweinen kosten, welche die Kellerei herstellt und abfüllt: Arneis, Favorita und Blanc de Morgex.

Giuseppe Domenico Vajra
Cascina San Ponzio, 36
Tel. 5 62 57

Eine Produktion, die von der ganzen Vielfalt der Langhe etwas zu bieten hat, immer auf höchstem qualitativen Niveau. Ca. 20 Hektar Weinberg und eine moderne Technologie ergeben Barolo, Barbera, Freisa und Dolcetto, auf die man sich verlassen kann.

CASTIGLIONE FALLETTO

Vorwahl: 0173

ÜBERNACHTEN

Residence Le Torri
Piazza Vittorio Veneto, 1
Tel. 6 29 21
Apartments mit Schlafzimmer, Wohnzimmer, Küche und Bad. Parkplatz.
Preise: 1 Woche ca. 500 000 Lire für ein Apartment, Doppelzimmer pro Nacht 90 000 Lire
Keine Kreditkarten

Le Torri hat erst vor kurzem eröffnet und befindet sich in einem antiken Adelshaus im Zentrum des Ortes. Momentan stehen zwei Apartments zur Verfügung, im Laufe des Jahres '93 sollen weitere vier fertiggestellt werden.

ESSEN

Gran Duca
Piazza del Centro, 4
Tel. 6 28 29
Montags geschlossen
Betriebsferien: Januar
Preise: 40 000 Lire, ohne Wein
Plätze: 40
Kreditkarten: CartaSì, EC, MC, Visa

Dieser Führer wurde gerade fertig, als das Gran Duca den Besitzer wechselte. Daniela Zago teilte uns mit, daß sie auf der traditionellen Linie weiterarbeiten will, wobei sie Schwerpunkte auf eine leichte Küche und frische Zutaten setzt. In der Küche arbeitet neben Daniela auch Giancarla Strata.

Le Torri
Piazza Vittorio Veneto, 1
Tel. 6 29 55
Montagabend und dienstags geschlossen
Betriebsferien: eine Woche im August
Plätze: 80
Preise: 40 000 - 45 000 Lire, ohne Wein
Keine Kreditkarten

Es heißt, daß in diesen Räumen einer der Väter des Barolo, Ferdinando Lutati, die erste Karte der Lagen von Castiglione zeichnete. Heute kommen hier die Gerichte von Angela Romano auf den Tisch. Sie bereitet die Spezialitäten der Langhe mit derselben Professionalität zu, wie sie es in ihrem toskanischen Lokal tat. Tonno di coniglio (gewürztes, in Öl eingelegtes Kaninchenfleisch), Gemüseauflauf mit Fonduta und Fasanenpâté sind einige der Antipasti. Bei den Primi finden Sie Agnolotti al plin und Tagliatelle; bei den Secondi Wildbret, Schmorbraten und Zicklein aus dem Ofen; bei den Desserts verführt sie mit Semifreddo al Torrone. Im Saal hilft ihr Gatte Enzo Paladini liebenswürdig bei der Wahl der Gerichte und des Weins. Die Weinkarte birgt die besten heimischen Etiketten. Ein sehr gepflegtes Ambiente und eine schöne Terrasse mit Blick auf die Langhe.

WEINKELLEREIEN

Azelia
Strada Alba-Barolo, 27
Tel. 6 28 59

Diese Weinkellerei präsentiert Dolcetto und Barolo von verschiedenen Lagen. Folglich gibt es die Dolcetti Vigna Azelia und Bricco dell' Oriolo, die Baroli Bricco Fiasco und die besten Jahrgänge von Bricco Punta.

Fratelli Brovia
Strada Alba-Barolo, 28
Tel. 6 28 52, 6 29 34

Eine Fläche von ca. 10 Hektar Weinberg ergibt eine jährliche Produktion von ca. 40 000 Flaschen Wein. Barolo Monprivato, Garblèt Sué und Rocche dei Brovia, Dolcetto Ciabot del Re in einer relativ guten, manchmal hohen Qualität.

Fratelli Cavallotto
Località Bricco Boschis
Tel. 6 28 14

Eine Familie, die wie andere von der Leidenschaft zum Weinbau gepackt ist, die mit natürlichen Methoden arbeitet, um klassische, strukturreiche und langlebige Weine zu produzieren. Barolo, Barbera und Dolcetto, aber auch weiße wie Chardonnay und Pinot.

Saverio Fontana
Regione Pugnane, 9
Tel. 6 28 44

Ein Familienbetrieb mit gut gelegenen Weinbergen in der Gegend von Pugnane, zwischen Castiglione und Monforte. Er produziert die typischen Weine der Langhe zu interessanten Preisen.

Monchiero fratelli
Strada Alba-Monforte, 49
Tel. 6 28 20

Die Familie Monchiero führt seit gut dreißig Jahren diesen Betrieb, der sich durch seine Rotweine hervorhebt, die von guter Machart sind und ein günstiges Preis-Leistungs-Verhältnis haben. (Barolo und Dolcetto)

Gigi Rosso
Strada Alba-Barolo, 20
Tel. 26 23 69

Gigi Rosso, der seit jeher mit der Bewertung der albesischen Weine beschäftigt ist, besitzt eine der berühmtesten Kellereien des Gebiets, wo die gesamte Spanne der Langhe-Weine produziert wird.

Paolo Scavino
Strada Alba-Barolo, 33
Tel. 6 28 50

Enrico Scavino ist einer der Winzer der Langhe, dem es in den letzten Jahren am besten gelungen ist, sich positiv hervorzuheben. Er arbeitet mit Leidenschaft und großem Fleiß, und an den Früchten dieser Arbeit hat es nicht gefehlt. Er hat eine Reihe großer Weine produziert: Barolo Cannubi und Bric del Fiasc, Dolcetto und einen außergewöhnlichen Barbera.

Cantina Terre del Barolo
Strada Alba-Barolo, 5
Tel. 26 20 53

Diese Kooperative, die 1958 gegründet wurde, hat heute mehr als fünfhundert Teilhaber und Hunderte von Hektar Wein. Das Niveau der Produkte ist gleichbleibend ansehnlich, mit guten Ergebnissen bei Dolcetto, Barbera und Barolo (Tafeln weisen auf die Ursprungsweinberge hin). Die Preise sind immer sehr zurückhaltend.

Vietti
Piazza Vittorio Veneto, 5
Tel. 6 28 25

Der Betrieb von Alfredo Currado ist eine feste Größe. Seine Baroli (Villero, Rocche, Bussia), die Dolcetti aus Alba und Diano, die Barbere (Scarrone, Pian Romualdo, Bussia) werden alle aus ausgewählten Trauben und mit größter Sorgfalt im Weinkeller hergestellt.

CHERASCO

Vorwahl: 0172

FÜHRUNGEN

Führungen durch die Altstadt finden an Sonn- und Feiertagen statt: um 10.30 Uhr und 16.00 Uhr kostenlos. Wenn Sie andere Besichtigungszeiten wünschen, wählen Sie bitte folgende Telefonnr.: 48 91 01.

ÜBERNACHTEN

Hotel Napoleon
Via Aldo Moro, 1
Tel. 48 82 38
3 Sterne
21 Doppelzimmer, 1 Einzelzimmer, mit Bad und WC
Preise: Doppelzimmer 90 000 Lire, Einzelzimmer 65 000 Lire
Kreditkarten: AE, CartaSì, Visa, EC

Dieses neugebaute Hotel befindet sich außerhalb der Altstadt an der Straße Richtung Narzole. Es verfügt über einen großen Parkplatz, Café und Restaurant (Das Menü mit Schneckenspezialitäten kostet 40 000 Lire, ohne Wein).

ESSEN

Vittorio Veneto da Aldo★
Via San Pietro, 32
Tel. 48 90 03
Mittwochs geschlossen
Betriebsferien: August
Plätze: 50 sowie 40 im Garten
Preise: 40 000, ohne Wein
Kreditkarten: CartaSì, Visa

Das Restaurant ist in einem antiken Palazzo in der Altstadt untergebracht und verfügt über zwei gemütliche, mit Stilmöbeln eingerichtete Räume. Im Sommer hat man die Möglichkeit, im Innenhof oder im Garten zu speisen. In der Küche bereitet Aldo Porta mit leichter Hand traditionelle Gerichte. Unter den Antipasti zum Beispiel die klassische Tartrà (Eigericht aus dem Backofen) und Dorsch mit Kartoffeln. Bei den Primi bietet er Gemüseminestrone oder Minestrone mit Kutteln und bei den Secondi Kaninchen mit Fenchel. Die Küche richtet sich nach der Saison. Es fehlen natürlich auch nicht die Schnecken aus Cherasco. Im Saal bedient Angiola Giachino mit großer Freundlichkeit. Die Weinkarte weist gute heimische Weine auf.

EINKAUFEN

Baci di Cherasco
Pasticceria Barbero
Via V. Emanuele, 72

Ort literarischer Erinnerungen und Ziel leidenschaftlicher Gourmets. Die Originaleinrichtung stammt von der Jahrhundertwende. Aber diese Poesie hebt den verstaubten Eindruck, den diese Bottega auf den ersten Blick hinterläßt, nicht völlig auf. Auch entschuldigt sie nicht die etwas hektische Art der Besitzerin. Aber die Baci di Cherasco (geröstete Haselnüsse aus den Langhe, überzogen mit einer hervorragenden Schokolade) sind einen Besuch und eine Kostprobe wert, ebenso die Marron Glacé, das Hartgebäck und, zur Saison, natürlich auch die Panettoni.

Chiocciole di Cherasco
Cherubino Germanetto
Via Genova, 7
Frazione Bricco

Cherasco ist einer der wichtigsten Orte Italiens, wenn es um Schnecken geht. Jedes Jahr halten die Associazione Nazionale Elicicoltori und das Centro Nazionale di Elicicoltura Ausstellungen und Tagungen zur Schneckenzucht sowie Schneckenfeste ab.

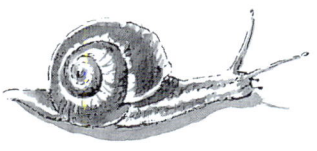

Wein
Enoteca La Lumaca
Via Cavour, 8

Die Enoteca von Lorenzo Viassone, die auch andere typische Produkte von hoher Qualität verkauft, hat vor kurzem im schönen Palazzo Ormea mitten im Zentrum eröffnet. Die erlesenen Schnecken aus Cherasco gibt es hier das ganze Jahr: frisch, tiefgefroren und sogar aus Schokolade. Täglich gibt es frisches Brot aus dem Holzofen und hausgemachte Marmeladen. Jeden Tag wird ein anderer Wein und eine Spezialität zur Verkostung geboten. Ein altes, authentisches Geschäft, das auch durch die freundliche Bedienung von Ivana besticht.

Antiquitäten und Trödel

Fratelli Berardelli
Via Cavour, 41

Silvio e Dario Genesio
Via San Pietro, 9

Romano Garino
Via V. Emanuele, 63

Felice Passone
Via Ferraretto, 7

Die Tradition der Restaurie-rung von Stilmöbeln war in dieser Stadt immer lebendig. Dies sind einige gute Adressen für Sammler.

Galleria d'arte Il Ritorno
Via V. Emanuele, 57

Neben modernen Gemälden, unter denen auch einige von Romano Reviglio aus Cherasco sind, finden Sie hier Werke des 19. und des frühen 20. Jahrhunderts. Samstags und sonntags geöffnet.

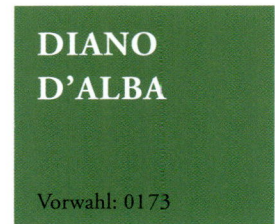

DIANO D'ALBA

Vorwahl: 0173

ÜBERNACHTEN

Albergo Ai Tardi
Via San Sebastiano, 81
Tel. 6 94 03
3 Sterne
4 Doppelzimmer und
3 Einzelzimmer, alle mit Bad
und WC. Restaurant, Bar,
Parkplatz, Swimmingpool.
Preise: Doppelzimmer
65 000 Lire, Einzelzimmer:
50 000 Lire
Keine Kreditkarten

In Diano können Sie sich der bäuerlichen Gastfreundlichkeit einiger »Agriturismo«-Betriebe erfreuen, die sich inmitten in der Natur befinden.

Azienda agrituristica Ai vej
Via Veglio, 6
Valle Talloria
Tel. 23 18 14
Ein Doppelzimmer mit Bad
und 2 Doppelzimmer mit
Gemeinschaftsbad. Preis pro
Bett, inklusive Frühstück:
20 000 - 30 000 Lire
Keine Kreditkarten

Azienda agrituristica Simone Castella
Via Alba, 18
Borgata Lopiano
Tel. 6 91 70
3 Zimmer mit 2+2 Betten,
WC
Preis pro Bett:
25 000 - 30 000 Lire inklusive
Frühstück
Keine Kreditkarten

Auf Vorbestellung für mindestens 8 Personen werden auch

traditionelle Gerichte gekocht, dazu gibt es hauseigene Weine. Mittlerer Preis: 30 000 Lire.

Azienda agrituristica Marco Savigliano
Via Madonnina, 1
Borgata Lopiano
Tel. 6 91 96
2 Miniapartments mit jeweils
5 Betten.
Preis pro Bett:
20 000 - 25 000 Lire inklusive
Frühstück.

ESSEN

Antica Trattoria del Centro★
Via Cortemilia, 91
Frazione Ricca
Tel. 61 20 18
Montagabend und dienstags
geschlossen
Betriebsferien: August
Plätze: 80 + 30
Preise: 30 000 - 35 000 Lire,
ohne Wein
Keine Kreditkarten

Die Gasträume und die Küche, wo Dorina Sappa und Gemma Giordano mit erfahrenen Händen wirken, sind erst kürzlich völlig neu gestaltet worden. Die Trattoria ist eine der letzten vor den Toren Albas, wo man noch wirklich gut essen kann. Die Küche besticht mit ursprünglichen Gerichten der Langhe: Russischer Salat oder Vitello tonnato, Agnolotti col plin und Tajarin, Kaninchen mit Pfefferschoten und Schmorbraten mit Barolo. Im Saal bedient der junge Giorgio Grazioli. Die Weinkarte bietet mit einer Auswahl von ca. 50 Weinen das Beste der heimischen Produktion.

EINKAUFEN

Wurstwaren
Salumificio Barile
Via Cortemila, 89/B
Frazione Ricca

Ein handwerklicher Betrieb, der Schweinefleisch aus eigener Zucht verarbeitet. Rohe und gekochte Salami, Cotechino und Bratwurst.

Alte Möbel
Aldo Giordano
Via Cortemilia, 110
Frazione Ricca

Bei Giordano könne Sie alte Möbel, manchmal auch Antiquitäten zu vernünftigen Preisen finden.

WEINKELLEREIEN

Matteo e Claudio Alario
Via S. Croce, 23
Tel. 23 18 08

Das eher kleine Gut der Alarios hat in den letzten Jahren mit einer Reihe qualitativ hochwertiger Rotweine von sich reden gemacht. Vor allem der Dolcetto aus der Lage Montagrillo in Diano ist einer der besten dieser Sorte.

Bricco Maiolica
Via Bolangino, 7
Frazione Ricca
Tel. 61 20 49

Angelo Accomo, ein prämierter Ochsenzüchter, führt auch diese Weinkellerei, die angenehme Langhe-Weine produziert: Sie sollten auf jeden Fall auch Dolcetto und Favorita probieren.

Tenuta Colué
Via S. Sebastiano, 1
Tel. 69169

Das Gut Colué gehört zu den bedeutendsten des Gebiets. Hier werden gute Dolcetti aus Diano produziert, aber auch

Barolo von Cannubi, Barbaresco sowie ein im Barrique gereifter Chardonnay.

Produttori Dianesi
Via V. Emanuele, 17/A
Tel. 69 65 56, 6 92 19

Eine kleine Gruppe von Weinbauern hat diese Kellerei aufgebaut, in der selbst produzierte Weine abgefüllt werden. Sie ist auf den Dolcetto spezialisiert. Er wird in verschiedenen Versionen angeboten und zeichnet sich durch seinen Duft und seine annehmbaren Preise aus.

Cantina della Porta Rossa
Piazza Trento e Trieste, 5
Tel. 6 92 10

Die verschiedenen Dolcetti aus Diano, die aus den besten Lagen stammen, der Barolo, der Barbaresco und der weiße Gavi, bilden eine komplette Auswahl von stets vertrauenswürdiger Qualität. Eine der bekanntesten Kellereien der Gegend.

Dario e Giuseppe Savigliano
Via Guido Cane, 20
Valle Talloria
Tel. 23 17 58

Dieser Betrieb, der seit dem vergangenen Jahrhundert existiert, verfügt über ein Dutzend Hektar Weinberge. Er produziert vor allem Dolcetto aus Diano (besonders hervorzuheben der Sorì del Sot), aber auch Barbera, Nebbiolo, Grignolino, Chardonnay, Favorita und Moscato d'Asti.

Romano e Lorenzo Veglio
Via Guido Cane, 110
Valle Talloria
Tel. 23 17 57

Ein typischer Bauernbetrieb, der sich hervortut durch seine guten Weine zu interessanten Preisen.

Giovanni Veglio e figli
Via Guido Cane, 9
Valle Talloria
Tel. 23 17 52

Ein Betrieb mit einer Gesamtproduktion von 70 000 Flaschen. Sein Meisterstück ist ein kräftiger Dolcetto di Diano Puncia d'l Bric. Daneben werden auch Barbera, Barolo aus Castiglione Falletto und Moscato aus Serralunga produziert.

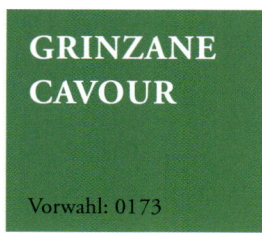

GRINZANE CAVOUR

Vorwahl: 0173

ESSEN

Trattoria dell'Enoteca
Castello di Grinzane
Tel. 26 21 59
Dienstags geschlossen
Betriebsferien: Januar
Plätze: 30
Preise: 50 000 Lire, ohne
Wein
Keine Kreditkarten

Dieses Ristorante, das sich im prunkvollen Schloß befindet, bietet in den großen und majestätischen Sälen eine Küche, die sich kein bißchen von der Tradition der Langhe distanziert hat. Von den sommerlichen Gerichten Carpionà (in Essig eingelegtes Fleisch mit Eiern, Fisch und Gemüse) und Caponét (gefüllte Zucchiniblüten) bis zum Wildbret und Hasenpfeffer. Auf Vorbestellung gibt es Zabaione, Maisgebäck und Bonèt (Puddingspeise). Die Weinkarte bietet jene Weine, die auch in der Enoteca regionale erhältlich sind.

Antica Locanda del Centro
Via Garibaldi, 101
Frazione Gallo Grinzane
Tel. 26 20 30
Montags geschlossen
Betriebsferien: 15 Tage im
August
Plätze: 150
Preise: 35 000 Lire, ohne
Wein.
Kreditkarten: AE, CartaSì,
Visa

Ein weiteres Lokal, in dem die traditionellen Gerichte der Langhe zubereitet werden: hier von der geschickten Hand des jungen Chefs Paolo Affori. Im Saal bedient sein Bruder Maurizio, die beiden Ehefrauen Alessandra und Grazia gehören ebenfalls zum Stab. Gute Auswahl an Weinen der Gegend.

Trattoria La Salinera
Via IV Novembre, 19
Tel. 26 21 38
Montagabend und dienstags
geschlossen
Betriebsferien: 10 Tage im
August
Plätze: 30 sowie 10 im
Innenhof
Preise: 30 000 Lire
Keine Kreditkarten

Diese kleine Trattoria, in der man noch die Luft vergangener Zeiten atmet, befindet sich an der Piazza von Grinzane, zwei Schritte vom Kastell entfernt. Wenn das Lokal überfüllt ist, werden auch zwei Tische in das nebenan liegende Geschäft gestellt, wo Lebensmittel und Spezialitäten verkauft werden. Diese Küche auf Hausfrauenart hat einige gute Gerichte wiederentdeckt: Pfirsiche mit Amaretto und geschmortes Kaninchen. Bei den Antipasti finden Sie Crostini aus Polenta mit Pilzen, Bagna Caoda im Winter und kleine Kräuteromeletts im Sommer. Tagliatelle und Agnolotti col plin gibt es das ganze Jahr. Dann gibt es noch Schmorbraten und schließlich, neben den Pfirsichen, auch Semifreddo mit Torrone und selbstgemachte Haselnußtorte. In der Küche wirkt Renata Botto, im Saal bedienen Pinuccia, Bruno und Dario. Die Weinkarte ist nicht sehr groß, aber ausgesucht. Reservierung unerläßlich.

EINKAUFEN

Grappe
Distilleria Montanaro
Via Garibaldi, 6
Tel. 26 20 14

Hier werden seit 1885 Grappe aus Trestern von Barolo, Dolcetto und Barbera destilliert. Der antike Dampfdestillierkolben produziert im Durchschnitt 150 000 Liter pro Jahr. Direktverkauf im Betrieb und Besichtigung nach Voranmeldung.

Torrone
Pasticceria Marengo
Via Garibaldi, 30

Bei diesem Torrone handelt es sich um jenen weißen mit dem Symbol des Hahns, der von der Firma Sebaste in Grinzano aus den berühmten Haselnüssen der Sorte »tonda e gentile«, hergestellt wird (siehe Seite 58). Es gibt auch die mit Schokolade überzogene Version. Die Pasticceria Marengo stellt auch eine eigene vorzügliche Haselnußtorte her.

Typische Produkte
Al Tartufo d'oro
Via Piana Gallo, 16

Ein großes und ausgewähltes Angebot an Produkten der Langhe: Bei den Süßigkeiten empfehlen wir die Trifula bianca, eine Praline aus Haselnüssen und weißer Schokolade, die von der Cioccolateria Elisa in Arguello, einem kleinen Dorf in den Hohen Langhe, hergestellt wird.

WEINKELLEREIEN

Le Ginestre
Via Grinzane, 17
Tel. 6 22 67

Der Betrieb stellt Dolcetto d'Alba, Barbera d'Alba, Nebbiolo aus den Langhe sowie kleinere Partien Barolo, Barbaresco und Chardonnay her.

Giovanni Grimaldi
Via Parea, 7
Tel. 26 20 90, 26 20 94

Eine Weinkellerei, die sich qualitativ stetig verbessert und zu interessanten Preisen die klassischen Rotweine der Gegend (Dolcetto, Nebbiolo, Barbera), aber auch Weißweine (Chardonnay) anbietet.

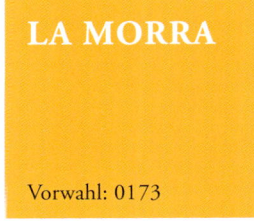

LA MORRA

Vorwahl: 0173

ÜBERNACHTEN

Azienda agrituristica Erbaluna
Borgata Pozzo, 43
Frazione Annunziata
Tel. 5 08 00
2 Doppelzimmer mit Bad, 3 Dreibettzimmer mit Bad im Flur, Küche und Wohnzimmer in Gemeinschaft. 1 Miniapartment
Preise: Doppelzimmer 50 000 Lire inklusive Frühstück, Miniapartment 70 000 Lire

Auf dem Hof von Severino und Andrea Oberto sind die Zimmer einfach und geschmackvoll,

die Atmosphäre ist familiär. Außerdem verkaufen die beiden eigenen, qualitativ guten Wein, der aus biologischem Anbau stammt. Ein Hinweisschild finden Sie in der Ortschaft Pozzo, auf der Straße nach Annunziata-Alba.

Azienda agrituristica Oberto
Borgata Croera, 42
Tel. 5 08 40
3 Ein-Zimmer-Apartments mit je 3 Betten, Kochnische und Bad/WC. Ein Apartment mit drei Schlafzimmern und Bad. Ein Gesellschaftsraum, wo man auf Vorbestellung zu Mittag oder Abend essen kann (bis zu 20 Personen). Preis für ein Doppelzimmer, inklusive Frühstück: 50 000 Lire

Der Bauernhof liegt zwei Kilometer vom Ort entfernt an der Straße nach Barolo: Man genießt hier einen wundervollen Blick auf das Weinland der Langhe. Auf diesem Bauernhof gibt es alles, vom radschlagenden Pfau über scharrende Hühner bis zu den Trüffelhunden, die die Gebrüder Oberti in den nahen Wäldern einsetzen. Im Herbst kann man an der Trüffelsuche teilnehmen. Eigene Weine stehen zum Verkauf.

Azienda agrituristica Fratelli Revello
Frazione Annunziata, 103
Tel. 5 02 76
2 Doppelzimmer mit Bad und WC auf dem Flur
Restaurant
Preise: Doppelzimmer: 50 000 Lire inklusive Frühstück

Die einfachen, geschmackvoll eingerichteten Zimmer befinden sich in einem Nebengebäude. Der Betrieb verkauft

gute eigene Weine sowie hausgemachte Marmeladen und Konserven. Ein Hinweisschild finden Sie in dem Ortsteil Annunziata auf der Straße nach Alba.

ESSEN

Belvedere★★
Piazza Castello, 5
Tel. 5 01 90
Sonntagabend und montags geschlossen
Betriebsferien: Januar und Februar
Plätze: 140
Preise: 50 000 Lire, ohne Wein
Kreditkarten: CartaSì, Visa MC, EC

Hier befinden Sie sich in einem der historischen Lokale der Langhe, das schon in den 50er Jahren seinen Ruf begründet hat. Gian Bovio und seine Schwester Vittoria haben diesen kulinarischen Wallfahrtsort geerbt, und sie haben die Tradition weitergeführt. Sie hatten sich immer auf höchstem gastronomischen Niveau und haben den Service verbessert und die Präsentation der Gerichte erneuert. Bald soll ein Saal eröffnet werden, der Banketten vorbehalten ist und eine Enoteca, die in den alten Gewölben eingerichtet wurde. Vittoria koordiniert die Arbeit des Küchenpersonals, wo sich vor allem die Köche Luciano Varaldo und Marco Boschiazzo hervortun. In den Sälen ist der allgegenwärtige Gian behilflich bei der Auswahl der Gerichte und Weine. Beim Menü, das ca. 60 000 Lire kostet, kön-

nen Sie Weine aus La Morra kosten. Die umfangreiche Weinkarte bietet die besten piemontesischen Weine. Die Gerichte sind die klassischen der Langhe: Hervorragend sind Tajarin mit Lebersauce und die Agnolotti dal plin mit Bratensauce, auch der Schmorbraten mit Barolo und zum Abschluß die Panna Cotta, ein wahres Meisterstück. In der Saison gibt es mit der weißen Trüffel noch eine kleine Besonderheit mehr. Im Sommer kann man draußen einen wundervollen Blick auf die Langhe genießen. Reservierung unerläßlich.

Bel Sit

Via Alba, 17
Tel. 5 03 50
Montagabend und dienstags geschlossen
Betriebsferien: 7.-21. Januar und 1.-15. Juli
Plätze: 80
Preise: 40 000 Lire, ohne Wein
Kreditkarten: CartaSì, MC, EC

Franco Nervo präsentiert eine typische Küche, die er manchmal neu interpretiert. Er arbeitet immer mit leichter Hand und achtet sorgsam auf die Auswahl der Zutaten. In der Küche stehen ihm die jungen Köche Domenico Borgogno und Paolo Paganotto zur Seite, und im Saal koordiniert seine Frau Renata die Arbeit. Bei den klassischen Gerichten finden Sie die Agnolotti al plin und vorzügliche Gnocchetti mit Tomaten und Kräutern sowie ein immer duftendes Fritto misto, wenn auch in reduzierter Version. In der kalten Jahreszeit gibt es die Grive al Barolo (deftige Teigbällchen, mit Innereien gefüllt). Bei den Nachspeisen können Sie wählen unter einer Früchtemousse und der Coppa Diana, einer neuen Variante

des Zabaione. Eine gute, lokale Weinkarte. Das Ambiente ist modern, mit bestechendem Blick auf die Langhe. Großer Privatparkplatz. Im Sommer kann man auf der Terrasse speisen. Gutes Preis-Leistungs-Verhältnis.

Azienda agrituristica Fratelli Revello

Frazione Annunziata, 103
Tel. 5 02 76
Kein Ruhetag
Betriebsferien: 15. Januar bis 15. Februar
Plätze: 55
Preise: 30 000-40 000 Lire
Keine Kreditkarten

Der Betrieb wird von Mariarosa und ihren Söhnen Carlo und Enzo geführt. Gästen, die Lust haben auf eine einfache, ursprüngliche Küche, werden auf Vorbestellung gute Gerichte gekocht. Bei der Zubereitung von Agnolotti, Tajarin, Wildbret, Schweinebraten und Zuppa Inglese nach der Art von La Morra gibt sich Mariarosa sehr viel Mühe. Die Weine stammen vom eigenen Betrieb. Sie können hier auch selbstgemachte Marmeladen und eingemachtes Obst kaufen.

EINKAUFEN

Murazzano und Robiole aus den Langhe

Salumeria Giachino-Piumatti
Via XX Settembre, 1

Beppe Giachino verkauft frische und gereifte Robiole aus Schafs- oder Kuhmilch, alle mit amtlicher Ursprungsbezeichnung. Sie sollten unbedingt die Tome 'n bornia probieren, die in Glasbehältern aufbewahrt werden. Beppe Giachino stellt auch die seltene Salam 'dle cone her, eine Salamiart aus Schweinespeck. Diese gewürzte und gepfefferte Rolle, die sehr heiß gegessen werden muß, war einst fester Bestandteil des deftigen Sonntags-Bauernfrühstücks (nur während der kalten Jahreszeit). Ebenso die Frisse, das sind Kügelchen aus Schweineinnereien, die im eigenen Netz eingewickelt und in Butter oder Öl fritiert werden.

**Latteria-commestibili
Clarita Trinchero**
Via Roma, 6

Clarita verkauft die »Toma del venerdì«, einen Robiola-Käse, der nach dem Tag benannt ist, an dem er im Geschäft ankommt (Freitag). Er kommt aus den Hohen Langhe und ist innerhalb von zwei, drei Tagen ausverkauft. Da sie von den kleinen Schafherden der Bauernfamilien kommen, können Sie sie nur in der Saison finden, sonst müssen Sie mit dem gereiften Käse vorlieb nehmen.

Typische Süßigkeiten
Panificio Pasticceria Soncin
Via Roma, 4

In dieser Bäckerei wurden von Giovanni Cogno die Lamorresi al Barolo erfunden: weiche Pralinen aus Kakao und Haselnüssen, mit einem Schuß Barolo. Es gibt auch eine Version mit Grappa, besonders gut ist jene mit Moscato. Heute arbeitet Giovanni in seiner neuen Backstube, wenige Schritte von der alten Bäckerei entfernt, die nur noch zum Verkauf dient. Empfehlenswert ist auch der Haselnußkuchen.

Mehl aus Steinmühlen
Molino Renzo Sobrino
Via Roma, 110

Aus Renzos Steinmühle stammt das bodenständige Maismehl der Sorte »Ottofile« und das Weizenmehl, beide natürlich vollwertig. Renzo kontrolliert die Herkunft des Getreides und achtet darauf, daß es soweit wie möglich von der Behandlung mit Unkrautvertilgungsmitteln verschont wurde. Hervorragend ist seine gelbe Polenta. Er verkauft auch Kastanien- und Kichererbsenmehl. Wenn die Mühle geschlossen ist, können Sie seine Produkte auch in den

Geschäften in La Morra kaufen. Ein Kunstwerk der Ingenieursarbeit ist die nebenan liegende Zylindermühle, ganz aus Holz und voll funktionsfähig, die hier im Jahre 1950 erbaut wurde.

Trüffeln
Fratelli Oberto
Borgata Croera, 42
Tel. 5 08 40

Francesco und Remigio Oberto sind in die Fußstapfen ihres Vaters Egidic getreten: er war ein großer Trifolao (Trüffelsucher), und auch seine Söhne sind sehr geschickt. Sie kennen die abgelegensten Pfade, wo sie nachts und in den frühen Morgenstunden, wenn die ersten Oktobernebel über dem Hügel von La Morra aufsteigen, auf die Suche gehen. Sie gehen nachts, weil ihr Mischlingshund dann weniger abgelenkt wird und weil sie nicht von ihrer Konkurrenz gesehen werden

wollen Wenn die Hündin Lila die Erde beschnüffelt hat und anfängt zu kratzen, halten sie sie auf liebevolle Weise zurück und graben vorsichtig mit einer Hacke weiter, bis der wertvolle unterirdische Pilz ans Licht kommt. Dann gibt es für Lila oder Mora oder Diana ein Stück Brot zur Belohnung, und weiter geht's zur nächsten Goldgrube. Gold, weil Trüffeln im Durchschnitt zwischen 100000 bis 200000 Lire pro 100 Gramm kosten. Die Gebrüder Oberto richten auch die

Trüffelhunde selbst ab. Von ihrem Hof stellen sie einen Teil für Urlaubsgäste zur Verfügung.

Wein
Cantina Comunale
Piazzetta del Municipio
Tel. 50 92 04
Montags und dienstags geschlossen
Betriebsferien: Januar

Die Kellerei wurde 1973 in den alten Kellern des Palazzo der Marchesi von Barolo, auf der heutigen Piazzetta del Municipio, gegründet. Sie bietet ein breites Panorama der Weinproduktion von La Morra, vor allem Barolo, aber auch Dolcetto, Barbera und Nebbiolo. Dem Zusammenschluß gehören 38 Produzenten des Ortes an.

Vin Bar
Via Roma, 56
Mittwochs geschlossen

Die einzige Weinbar der Gegend. Sie wird von Marisa Montanaro, ihrem Bruder Piero und dem Sohn Gian geführt. Eine gute Auswahl von Baroli aus La Morra. Panini mit hiesigen Spezialitäten. Abends wird das Lokal von Karten- und Billardspielern besucht. Im Sommer finden hier häufig Gemäldeausstellungen statt.

Kleines Holzhandwerk
Pietro Barbotto
Via Ferrero, 17

Pietro Barbotto macht Holzintarsien. Er hat keine Werkstatt, nur einen kleinen Arbeitsraum am Ende eines Hofes in der Via Ferrero. Wenn man ihn dort nicht findet, muß man ihn im Borghetto suchen.

WEINKELLEREIEN

Lorenzo Accomasso
Borgata Pozzo
Frazione Annunziata
Tel. 5 08 43

Eine außergewöhnliche Kellerei und ein außergewöhnlicher Winzer. Baroli, Dolcetti und Barbere, die sich immer auf einem hohen qualitativen Niveau befinden.

Crissante Alessandria
Borgata Roggeri, 43
Frazione Santa Maria
Tel. 5 08 34

Der junge Weintechniker Michele Alessandria hat die väterliche Weinkellerei erneuert, indem er Tradition und Moderne verband: Die Weine sind klassisch.

Elio Altare
Cascina Nuova
Frazione Annunziata
Tel. 5 08 35

Die völlige Hingabe an den Weinberg und die unermüdliche Experimentierfreude im Weinkeller haben aus Elio Altare einen der neuen Meister des Barolo gemacht. Und seine Weine sind zu wahren Kultobjekten in der ganzen Welt geworden. Vigna Arborina und Vigna Larigi sind mittlerweile legendär. Alle seine Weine sind eine gute Investition.

Cascina Ballarin
Frazione Annunziata, 115
Tel. 5 03 65

Ein kleiner Familienbetrieb, der zu interessanten Preisen die klassischen Weine der Gegend anbietet.

Beni di Batasiolo
Località Batasiolo
Frazione Annunziata
Tel. 5 01 30-1

Eine große Besitzung, die mit 250 Tagwerk wenige Rivalen in den Langhe hat. Die neue Leitung, die mit moderner Philosophie und Technik arbeitet, hat schon bewiesen, daß sie eine Auswahl großer Weine produzieren kann, vom Barolo Cru bis zum Chardonnay.

Enzo Boglietti
Via Roma, 37
Tel. 5 03 30

Ein junger Mann, der erst 1991 mit der Weinproduktion begonnen hat. Er besitzt 4 Hektar Rebfläche in den besten Lagen von La Morra und produziert Dolcetto, Nebbiolo Langhe und Barbera. Bemerkenswert der Barbera Vigna dei Romani, der sehr ausgeglichen und kräftig ist.

Gianfranco Bovio
Borgata Ciotto, 63
Frazione Annunziata
Tel. 5 01 90

Gian Bovio gehört zu den großen Persönlichkeiten von La Morra (er leitet auch das Ristorante Belvedere). Er beweist, indem er Jahr für Jahr Rotweine von konstanter Qualität produziert, große Sachkenntnis.

Giovanni Corino
Frazione Annunziata, 24
Tel. 5 07 15, 5 02 19

Ein junger Mann, der klare Vorstellungen besitzt und in wenigen Jahren ein beachtliches Können sowohl als Winzer wie auch als Kellermeister bewiesen hat. Auch hier kosten Sie Weine, denen Sie vertrauen können.

Beppe Dosio
Via Umberto, 1
Tel. 5 03 21

Diese Weinkellerei zeigt sich, nachdem sie die Gerätschaften erneuert und die richtige Produktionsphilosophie erkannt hat, als eine der herausragenden in den Langhe. Wichtiger Hersteller von Dolcetto und Barolo Vigna Fossati.

Fratelli Ferrero
Frazione Annunziata, 16
Tel. 5 06 91

Ein Landwirtschaftsbetrieb, der aus seinen Weinbergen die typischen Rotweine der Langhe gewinnt.

Gianni Gagliardo
Serra dei Turchi, 88
Frazione Santa Maria
Tel. 5 08 29

Dieser Betrieb wird von seinem äußerst aktiven Besitzer beseelt. Die große Auswahl reicht von den klassischen Rotweinen der Gegend (Barolo, Dolcetto, Babera) bis zum Weißwein (Favorita) und Spumante Brut.

Silvio Grasso
Cascina Luciani
Frazione Annunziata
Tel. 5 03 22

Dieser alte Familienbesitz weiß die hervorragenden eigenen Weinberge immer besser zu nutzen. Die angebotenen Rotweine der Langhe sind von höchstem Niveau.

Poderi Macarini
Piazza Martiri, 2
Tel. 5 02 22

Der Name Macarini ist unter den Winzern der Langhe gut bekannt und eine sichere Bezugsquelle. Barolo, Barbera und der Dolcetto Boschi di Berri, der aus uralten Weinbergen stammt, sind in ihrer Art wirklich außergewöhnlich.

Mario Marengo
Via XX Settembre, 18
Tel. 5 01 27

Diese Weinkellerei mit alter Tradition bietet Dolcetto und Barolo aus der Lage Brunate. Das Geschäft ist unter derselben Adresse zu finden wie die Eisenwarenhandlung, die ebenfalls von Mario geführt wird: Hier finden Sie alles vom Nagel bis zum Schmiedeeisen.

Poderi e Cantine Marengo Marenda
Via del Laghetto, 1
Tel. 5 01 37

Dieser Betrieb von Mario Ferrero wird charakterisiert durch die große Auswahl alter Barolo-Jahrgänge aus der Lage Cereauio. Darüber hinaus gibt es Dolcetto, Barbera und eine kleine Menge Barbaresco, ebenfalls von guter Qualität.

Mauro Molino
Borgata Gancia
Frazione Annunziata
Tel. 5 08 14

Barolo Vigna Conca und Acanzio, aus einer Traubenmischung von Barbera und Nebbiolo, sind die beiden wichtigsten Produkte dieses kleinen Produzenten, der sich schon einen wohlverdienten Namen gemacht hat.

Monfalletto
Frazione Annunziata, 67
Tel. 5 03 44

Mehr als zwanzig Hektar Weinberg bilden die Grundlage für die Weine dieser Weinkellerei, die spezialisiert ist auf Barolo und Dolcetto.

Andrea und Ornella Oberto
Via Marconi, 25
Tel. 50 92 62

Hier werden über 10 000 Flaschen jährlich produziert, die jedoch alle sehr interessant sind. Neben dem Barolo aus der Lage Rocche sollten Sie auch den Dolcetto und den Barbera aus Giada, einen gut strukturierten Rotwein, probieren.

Luigi Oberto
Via Santa Maria
Ciabot Berton, 1
Tel. 5 02 17

An der Straße von La Morra nach Santa Maria gelegen, bietet dieser Betrieb eine schöne Serie von Barolo, Dolcetto, Nebbiolo und Barbera.

Fratelli Oddero
Frazione Santa Maria, 28
Tel. 5 06 18

Ein Name, der seit Jahren bekannt ist und noch immer traditionelle Rotweine der Langhe von hoher Qualität herstellt.

Renato Ratti Antiche Cantine dell'Abbazia dell'Annunziata
Frazione Annunziata, 7
Tel. 5 01 85

Renato Ratti (siehe Seite 41) hat sehr viel für den Wein getan, nicht nur für den der Langhe Seine Kellerei, die heute von seinem Sohn Pietro gemeinsam mit Massimo Martinelli geführt wird, bleibt eine der geschätzesten bei den Weinliebhabern. Die Weine
halten sich konstant auf einem qualitativ guten Niveau. Besonders empfehlenswert ist der Barolo Marcenasco.

Rocche Costamagna
Via Alba, 3
Tel. 5 02 30

Barolo, Dolcetto und Nebbiolo sind die Produkte des Betriebs der Familie Ferraresi Locatelli Die Weine zeichnen sich durch einen modernen Stil aus, dessen Vorzüge Frische und Leichtigkeit sind.

Aurelio Settimo
Frazione Annunziata
Tel. 5 08 03

Dieser Familienbetrieb produziert von seinen ca. 7 Hektar Weinbergen vertrauenswürdigen Dolcetto und Barolo, mit einem guten Preis-Leistungs-Verhältnis.

Eraldo Viberti
Borgata Tetti, 63
Frazione Santa Maria
Tel. 5 03 08

Eraldo Viberti ist einer der vielen Jungen, die die Weinszene der Langhe erneuern. Aus seinen Reben im Ortsteil Santa Maria produziert er Dolcetto, Barolo und einen hervorragenden, im Barrique gereiften Barbera, den er Vigna Clara genannt hat.

Gianni Voerzio
Via Loreto, 1
Tel. 50 91 94

Barolo La Serra, Serrapiù (eine Mischung aus Nebbiolo und Barbera), Dolcetto Ciabot della Luna sowie Arneis und Freisa bilden eine komplette und abwechslungsreiche Auswahl. Ein unternehmungslustiger Betrieb, der sich qualitativ stetig verbessert.

Roberto Voerzio
Straße nach Cerreto
Tel. 50 91 96, 5 01 23

In der neuen Kellerei von Roberto Voerzio werden Weine aus den Trauben der eigenen Weinberge hergestellt, die sich jedes Jahr bei den Liebhabern wegen ihrer Kraft und Eleganz durchsetzen. Es reicht schon der Hinweis auf die Lagen des Barolo (La Serra, Brunate, Cerequio), die Barbera-Lage Le Vignasse und den Vignaserra (aus in barriquegereiften Barbera- und Nebbiolo-Trauben). Eine sichere Adresse und einer der Großen der Langhe.

MONFORTE
D'ALBA

Vorwahl: 0173

ÜBERNACHTEN

**Albergo Giardino
da Felicin**
Via Vallada, 18
Tel. 7 82 25
3 Sterne
10 Doppelzimmer mit Bad
Restaurant und Bar.
Parkplatz
Preise: Doppelzimmer
90 000 Lire
Kreditkarten: CartaSì, EC,
MC, Visa

Ruhige und komfortable Zimmer mit Blick auf die Hügel. Ein gutes Hotel für ein Wochenende oder einen längeren Aufenthalt.

Albergo Grappolo d'Oro
Piazza Umberto I, 4
Tel. 7 82 93
2 Sterne
10 Doppelzimmer, 2 Einzelzimmer.
Restaurant und Bar.
Preise: Doppelzimmer
60 000 Lire, Einzelzimmer
45 000 Lire
Kreditkarten: CartaSì, EC,
MC, Visa

ESSEN

Giardino da Felicin ★ ★
Via Vallada, 18
Tel. 7 82 25
Mittwochs geschlossen
Betriebsferien: 1.-15. Juli
Plätze: 60
Preise: 50 000 Lire, ohne Wein
Kreditkarten: CartaSì, EC,
MC, Visa

Es gibt niemanden, der über Monforte redet und sich nicht an das Felicin erinnert, das sich seit drei Generationen hier befindet. Seit Jahrzehnten ist sein Name im Munde aller Feinschmecker. Gianni Rocca, einer der bekanntesten Maîtres in den Langhe, ist die Seele des Restaurants. Seine Ehefrau Rosina steht ihm mit dem vielversprechenden Sohn Giovannino zur Seite. Die Dynastie der Rocca setzt sich also in kulinarischer Tradition der Langhe fort. Hier wird sie mit dem richtigen Schuß Leichtigkeit und Eleganz präsentiert. Unter den Antipasti können Sie die Tartrà kosten, hier in der Variante mit Forelle, neben der klassischen Carne cruda all'albese. Zu den warmen Antipasti gehören die Fonduta und im Herbst/ Winter die weißen Trüffeln aus Alba; im Sommer gibt es frische Gemüse. Bei den Primi gibt es vorzügliche Tajarin mit Lebersauce oder mit frischen Tomaten und Basilikum; Agnolotti

al plin wie aus dem Bilderbuch. Dann gibt es Kalbsschmorbraten und Schmorbraten mit Barolo und gefülltes Huhn. Man schließt das Essen mit Panna Cotta oder Semifreddo al Torrone ab. Der Weinkeller bietet das Beste der albesischen Produktion.

Trattoria della Posta ★
Piazza XX Settembre, 6
Tel. 7 81 20
Donnerstags geschlossen
Betriebsferien: eine Woche im Frühling
Plätze: 45
Preise: 35 000-40 000 Lire, ohne Wein
Kreditkarten: CartaSì, EC,
MC, Visa

Auf der Piazza, wo auch Pallone Elastico gespielt wird, öffnet sich eine der ältesten Osterie der Langhe mit ihrem schönen Wahrzeichen. Ihre Mauern, die noch völlig intakt sind, haben im Laufe der Jahre viel gesehen: wie das Glück in einer Nacht von einem Spieler zum anderen wechselt, An- und Verkauf von Weinbergen und Weinposten, Tafelrunden, die am Markttag dampfende Suppen zum Frühstück verzehrten. Sabino Massolino, Mittler und Wirt, erinnert, wenn er in Laune ist, an die vergangenen Zeiten. Aber mehr noch als er die Großmutter Metilde, wenn sie ihren Herd verläßt. In der Küche arbeitet neben der Mutter und der Großmutter heute auch Gianfranco, Erbe einer großen gastronomischen Kultur. In den rustikalen Sälen, die einfach eingerichtet sind, wird der Ritus des Essens der Langhe zelebriert: rohes Fleisch mit einem starken Geruch von Knoblauch, köstliches Vitello tonnato, dann Agnolotti und Tajarin, die man auf keinen Fall versäumen sollte, wie auch die Gemüseminestrone. Bei den

Fleischgerichten ist das Kalbfleisch in Barolo das Glanzstück. In der Saison gibt es reichlich Trüffeln. Die von Gianfranco und seinem Vater Sabino ausgesuchte Weinkarte ist erstaunlich. Ein Tip: Reservieren Sie rechtzeitig und kommen Sie pünktlich.

Grappolo d'oro

Piazza Umberto I, 4
Tel. 7 82 93
Dienstags geschlossen
Betriebsferien: Februar
Plätze: 80
Preise: 35 000 - 40 000 Lire,
ohne Wein
Kreditkarten: CartaSì, MC,
EC, Visa

Großmutter Vittorina Seghesio wirkt im beachtlichen Alter von 85 Jahren, nach fünfzig Jahren und mehr am Herd, weiterhin fleißig in der Küche. Heute steht ihr der Enkel Pierpaolo zu Seite, der gerade das Diplom der Hotelfachschule in Mondovì erworben hat. Die Gerichte sind die klassischen der Langhe. Das wird von Vittorina streng kontrolliert; sie gibt der Präsentation, für die Pierpaolo zuständig ist, den letzten Schliff. Ivana, die Mutter des jungen Kochs, bedient an den Tischen. Weinkarte mit einer guten Auswahl hiesiger Weine.

La collina

Piazza Umberto I, 3
Tel. 7 82 97
Mittwochs geschlossen
Betriebsferien: Januar
Plätze: 80
Preise: 30 000 - 40 000 Lire,
ohne Wein
Kreditkarten: CartaSì, EC,
MC, Visa

Piero Giacosa hat auf dem Dorfplatz »La collina« eröffnet, wo er seit 25 Jahren am Herd steht. Heute wird er von dem jungen Koch Andrea unter- stützt. Im Saal bedienen seine Frau Rosanna und sein Sohn Gianmario. Zum Einstimmen bietet seine Landesküche ein köstliches getrüffeltes Pâté. Zur Saison gibt es eine Artischockenterrine mit Sardellen-Knoblauck-Creme. Darauf folgen Tajarin, Agnolotti, Schmorbraten und zum guten Schluß Haselnußtorte mit dampfendem Zabaione. Die Auswahl der lokalen Weine ist bescheiden.

EINKAUFEN

Leckereien

Antica Dispensa
Via Bava Beccaris, 3
Bricco Bastia

Ferruccio Ribezzo, Weintechniker, Lehrer und Küchenhandwerker, sagt, daß er seine Erde »mit dem Herzen und dem Kopf« liebt. In seinem Haus, das zum Teil ein alter Hof, zum Teil eine etwas überanspruchsvolle Villa ist, stellt er ca. 15 gastronomische Spezialitäten der Langhe her: getrüffeltes Entenpâté und Robiole in Öl, getrüffelte kleine Salami und Sardellen-Knoblauch-Creme, Pflaumen mit Rhabarber und Cognà aus Muskatellertrauben. Alle Produkte werden in hübsche Terracotta-Töpfchen abgefüllt. Um zur Dispensa zu kommen (auch mit dem Auto), müssen Sie auf den Gipfel des Hügels von Monforte fahren, wo sich der alte Teil des Dorfes befindet: Vom Hof genießt man einen herrlichen Blick auf den alten Dorfkern. Ferruccio richtet gerade im alten Teil des Hofes, der sehr gut renoviert wurde, ein kleines Museum und einen Verkostungsraum ein.

Haselnußkuchen

Panetteria Viberti
Via Palestro, 16
Piazza Umberto

In dieser Bäckerei finden Sie den klassischen Haselnußkuchen, wie er seit jeher in den Öfen des Dorfes gebacken wird.

Wein

Enoteca Infernòt
Via Palestro, 2,
Ecke Piazza Umberto

Fiorenza Di Bendedetto präsentiert hier eine Auswahl der Weine der Langhe auf qualitativ hohem Niveau. Sie führt auch Grappe aus Alba und Ziegenkäse aus Seròle und Roccaverano sowie Murazzano aus Schafs- und Kuhmilch. Sie verkauft auch die Produkte der Antica Dispensa.

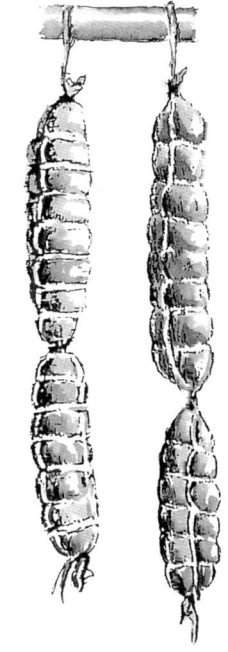

WEINKELLEREIEN

Francesco Boggione
Via Garibaldi, 29
Tel. 7 82 77

Diesen kleinen Betrieb, der von der quirligen Wilma geführt wird, sollte man im Auge behalten. Unter ihren Produkten ist vor allem der Dolcetto hervorzuheben.

Domenico Clerico
Località Manzoni
Cucchi, 67
Tel. 7 81 71

Domenico Clerico, dieser sympathische und leidenschaftliche Weinhändler, gehört längst zu den Großen des Weinfachs, und zwar nicht nur, was die piemontesischen Weine anbelangt. Von dem gefälligen Freisa Ginestra über die Barolo-Crus (Briccotto Bussia und Ciabot Mentin Ginestra) bis zum eleganten Arte, der aus Nebbiolo- und Barberatrauben hergestellt wird, bietet er jeden Wein von größter Klasse.

Aldo Conterno
Località Bussia, 48
Tel. 7 81 50

Aldo Conterno ist ohne Zweifel einer der größten tätigen Baroloproduzenten. Dank der Unterstützung seiner Söhne im Betrieb kann er sich heute einer Produktionsserie von großer Klasse rühmen: von dem spritzigen Freisa, dem Barbera Conca Tre Pile, dem Nebbiolo Favot bis zu den kostbaren Baroloweinen aus den Lagen La Bussia, Colonello und Romirasco. Der Barolo Gran Bussia wird nur in den besonders guten Jahrgängen aus einer Auswahl der besten Trauben der gleichnamigen wertvollen Lage produziert.

Paolo Conterno
Frazione Ginestra, 103
Tel. 7 84 15

Erst seit kurzem füllt Paolo auch selbst den Wein aus seinen Weinbergen ab, und die Ergebnisse sind vielversprechend. Sie finden bei ihm gute, typische Erzeugnisse aus Monforte: Barbera, Barolo, Dolcetto, die sich auch trotz der harten heimischen Konkurrenz durchsetzen können.

Giacomo Conterno
Località Ornati, 2
Tel. 7 82 21

Giacomo Conterno ist einhellig als einer der größten Weinproduzenten der Langhe anerkannt. Er produziert den legendären Monfortino aus einer Selektion von Barolo-Trauben aus seinen eigenen Weinbergen. Dieser Wein wird nur in den großen Jahrgängen gekeltert und reift langsam heran. Sie sollten, um sich selbst zu überzeugen, auch den hervorragenden Dolcetto und Barbera kosten, zwei Rotweine von außerordentlichem Duft und Süffigkeit.

Conterno-Fantino
Regione Fracchia, 5
Tel. 7 82 04

Dieser Betrieb zeichnet sich seit Jahren durch einige sehr außergewöhnliche Produkte als einer der interessantesten in Monforte aus: den Barolo aus den beiden Lagen Sorì Ginestra und Vigna del Gris, den Barbera Vignota und den Monprà, einen klaren roten Tafelwein aus Barbera- und Nebbiolo-Trauben.

Alessandro und Gian Natale Fantino
Via Silvano, 18
Tel. 7 82 53

Alessandro Fantino, der viel gelernt hat durch seine Erfahrungen als Weintechniker bei Bartolo Mascarello, hat sich gemeinsam mit seinem Bruder Gian Natale selbstständig gemacht. Mit seinem Steckenpferd, dem Passito, geht er so weit, auch die weniger noblen Jahrgänge zu verwerten. Hier finden Sie zwei einzigartige Rotweine aus getrockneten Nebbiolo- und Barbera-Trauben.

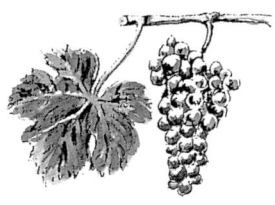

Attilio Ghisolfi
Cascina Visette
Regione Bussia
Tel. 7 83 45

Ein junger Betrieb, den man aufmerksam beobachten sollte: Er wurde in den letzten Jahren durch sehr interessante Barbera- und Barolo-Weine bekannt.

Elio Grasso
Via Garibaldi, 17
Tel. 7 84 91

Ein Betrieb, der seinen Schwerpunkt auf die Nebbiolo-Rebe legt, die auch einen Großteil der Weinberge ausmacht. Aus diesen Trauben werden neben dem Nebbiolo Gavarini zwei große Crus gewonnen: der Runcòt und der Casa Maté. Die Produktskala wird mit dem Dolcetto Vigna dei Grassi und dem Barbera Vigna Martina vervollständigt.

Giovanni Manzone
Via Castelletto, 9
Tel. 7 81 14

Dieser Betrieb kann auf zwei der besten Weinberge im Gebiet von Perno und Castelletto zählen. Von diesen Weinbergen stammen der Barolo und der Dolcetto, die zu den interessanten Produktionen des Betriebes gehören.

Armando Parusso
Località Bussia, 55
Tel. 7 82 57

Ein kleiner Betrieb, der nur Trauben aus besonders guten Weinbergen verarbeitet: Bussia und Pagliana in Monforte, Meriondino in Castiglione Falletto und La Serra in La Morra. Die Weine: Barolo, Nebbiolo, Dolcetto, Barbera, Freisa.

Pianpolvere Soprano
Località Bussia, 32
An der Straße Alba-Monforte
Tel. 7 83 35

Die Weinkellerei der Fenocchio, die sich an einem wundervollen Platz befindet, produziert von den Weinbergen in Pianpolvere Barolo, Barbera (das wahre Meisterstück des Betriebs) und einen für die Gegend ungewöhnlichen, aber sehr gelungenen Grignolino.

Gianmatteo Pira
Località S. Sebastiano, 59
Tel. 7 85 38, 7 83 40

An der Genze der Gemeinden Diano und Monforte liegt dieser interessante Betrieb. Die Dolcetti aus Alba und Diano und die Barbere zeichnen sich durch Persönlichkeit und Eleganz aus.

Poderi Rocche dei Manzoni
Località Manzoni
Soprani, 3 Tel. 7 84 21

Valentino Migliorini hat einen modernen Betrieb aufgebaut, der neben den Klassikern der Langhe (Barolo aus verschiedenen Lagen) auch weniger traditionelle Produkte anbietet: Bricco Manzoni (aus Nebbiolo- und Barbera-Trauben), Chardonnay Angelica sowie einen Roten aus Pinot-Nero-Trauben.

Josetta Saffirio
Frazione Castelletto, 32
Tel. 7 86 60

Eine der erfreulichen Neuheiten in der Weinlandschaft der Langhe. Die Weine dieses kleinen Betriebs sind von einer hervorragenden Qualität; schade, daß es so wenig davon gibt: Dolcetto, Barbera und Barolo, alle von höchster Qualität.

Fratelli Seghesio
Frazione Castelletto, 19
Tel. 7 81 08

Ein typischer Familienbetrieb der Langhe, der sich durch klassische Rotweine von kräftiger Struktur auszeichnet: Dolcetto, Barbera und Barolo von guter Qualität.

Renzo Seghesio
Via Circonvallazione, 2
Tel. 7 82 69

Dieser Betrieb ist mit dem gleichnamigen kalifornischen Weingut verbrüdert. Hier werden alle Rotweine der Langhe (Barolo, Barbera, Dolcetto) und Eigenkreationen mit phantastischen (Rurì, aus Nebbiolo-Trauben) und leicht hochtrabenden Namen (Ars Vivendi, ein Barbera in Barrique) hergestellt.

NOVELLO

Vorwahl: 0173

ÜBERNACHTEN

Hotel Barbabuc
Via Giordano, 35
Tel. 73 12 98
3 Sterne
11 Zimmer mit Bad und WC. Innenhof mit Garten
Preise: Einzelzimmer 70 000 Lire, Doppelzimmer 95 000 Lire
Kreditkarten: CartaSì, Visa, MC, EC

Das Hotel befindet sich in einem alten Palazzo im Zentrum des Ortes. Maria Beccaria hat aus diesem Hotel ein wahres Schmuckstück gemacht, wo guter Geschmack und Vornehmheit zum Ausdruck kommen. In den persönlich eingerichteten Zimmern finden Sie antike Möbel neben modernen Designerstücken. Bemerkenswert der schöne Garten und die Terrasse mit Ausblick. Das Frühstück mit Marmelade und knusprigem Brot, Käse und Salami ist, wie in dieser Gegend üblich, sehr üppig.

Albergo da Diego
Castello di Novello
Tel. 73 11 44
Geschlossen von 1. Januar bis
15. März
3 Sterne
7 Doppelzimmer mit Bad,
3 Suiten. Restaurant, Bar,
Parkplatz
Preise: Doppelzimmer
80 000 Lire; Suite 150 000
Lire
Kreditkarten: CartaSì, Visa,
MC, EC

*Die Zimmer sind im Schloß
aus dem 19. Jahrhundert untergebracht. Vor allem die Suiten mit ihren Fresken und Stilmöbeln sind sehr komfortabel.*

EINKAUFEN

Hausmacherbrot
Panetteria Pasticceria Gallo
Via Giordano, 25

*Die Landbrote, auch Grisse ge-
nannt, sind die Spezialität der
Bottega. Mit ihrer harten und
groben Kruste eignen sie sich
vorzüglich für die Soma d'aj ,
die in früheren Zeiten zur Vesper gegessen wurde.
Die Soma, eine Art Bruschetta,
reibt man auf der Kruste mit
einer in Öl getauchten Knob-
lauchzehe ein. Dann wird die
Brotscheibe mit Öl bestrichen,
gesalzen und eventuell zusammen mit einer reifen Tomate
gegessen. In der Bäckerei werden auch Haselnußtorten und
Novellesi mit Barolo gebacken.*

Paste di meliga
Panetteria Manzone
Via Giordano, 7

*Die Paste di Meliga werden
aus Maismehl hergestellt. Die
Kekse sind sehr knusprig, und
man kann sie pur genießen
oder in Tee oder Milch stippen.*

Wein
Bottega comunale del vino
Piazza V. Emanuele, 2
Öffnungszeiten: samstags
15.00-19.00 Uhr, sonn- und
feiertags: 10.00-12.30 Uhr
und 15.00-19.00 Uhr
(an anderen Tagen bitte bei
der Gemeindeverwaltung
anrufen, Tel. 73 11 47).

*In dem großen Saal aus dem
18. Jahrhundert, in dem sich
einst die Kapelle und die
Krypta der Pfarrkirche befan-
den, findet man heute fast alle
Produkte aus Novello. Die Auswahl ist groß: Barolo, Dolcetto,
Freisa, Barbera, Nebbiolo und
Bianco di Novello. Sie können
kosten und zu einem günstigen
Preis gute Qualität kaufen.
Präsident und Leiter der Bottega ist Beppino Roggia, ein
junger und unternehmungs-
lustiger Winzer. Novello hat
bislang auf dem Weinsektor
nicht gerade geglänzt, obwohl
die Lage der Weinberge nicht
schlecht ist. Vielleicht liegt die
Erklärung in der Tatsache, daß
die Bewohner von Novello nie
Wert darauf gelegt haben, die
längst überholten Technologien
in ihren Weinkellern zu erneuern. Dieses fehlende Umdenken
fördert natürlich auch nicht die
Lust am Wettbewerb, die aber
Grundlage aller großen Weine
ist. Trotzdem hat sich auch hier
in den letzten Jahren etwas be-
wegt.*

Enoteca Barbabuc
Via Giordano, 4

*Diese Enoteca, die nur samstags
und sonntags geöffnet ist, bietet
eine bescheidene Auswahl hiesiger Weine.*

WEINKELLEREIEN

Elvio Cogno
Borgata Ravera, 2
Tel. 73 14 05

*Elvio Cogno ist ein Wein-
macher mit großer Erfahrung.
Er hat lange in La Morra ge-
arbeitet und beweist jetzt mit
dem Bricco Petorchino aus seiner neuer Weinkellerei, daß
man durchaus auch in Novello
hervorragende Weine herstellen
kann.*

RODDI

Vorwahl: 0173

ÜBERNACHTEN

Enomotel Il Convento
Via Cavallotto, 1
Tel. 61 52 86
3 Sterne
27 Doppelzimmer, alle mit
Bad.
Enoteca, Abendrestaurant,
Bar, Parkplatz.
Preise: Einzelzimmer
65 000 Lire, Doppelzimmer
90 000 Lire
Alle Kreditkarten

*Das Hotel liegt zwei Kilometer
von Roddi entfernt in einer
Talsohle zwischen Barolo und
Alba. Es ist gut ausgeschildert
und daher leicht zu finden.
Das Gebäude ist neu und eig-
net sich gut als Stützpunkt für
Ausflüge durch das Land des
Barolo.*

ESSEN

La Crota
Via Principe Amedeo, 1
Tel. 615187
Montagabend und dienstags
geschlossen
Betriebsferien: Mitte Juli bis
Mitte August
Plätze: 60
Preise: 35 000-40 000 Lire,
ohne Wein
Kreditkarten: CartaSì, Visa

Das Restaurant befindet sich in einem alten Weinkeller und ist mit rustikalen Möbeln eingerichtet. Daniela Montanaro empfängt die Gäste, während Danilo Lo Russo in der Küche arbeitet. Seine Gerichte gehören zu den klassischen der Langhe. Er ändert sie jedoch durch manchen kreativen Einfall ein wenig ab und gibt ihnen eine persönliche Note. Die Präsentation ist gut, der Service läßt ein wenig zu wünschen übrig. Die Weinkarte bietet eine gute Auswahl von Weinen aus der Umgebung.

Sotto il Castello
Via Tommaso Abrate, 13
Tel. 615194
Mittwochs geschlossen
Betriebsferien: zweite Juli-
hälfte
Plätze: 52
Preise: 35 000 Lire, ohne
Wein
Kreditkarten: BA, Visa

Giulio Bollano serviert in einem familiären und geschmackvollen Rahmen die Gerichte, die seine Frau Teresa in der Küche zubereitet. Vom getrüffelten Wildpâté bis zu den Agnolotti al plin, vom Schmorbraten in Barolo und Fritto Misto (nur auf Vorbestellung) bis zu den Desserts Panna Cotta und Zabaione. Die Weinauswahl ist nicht groß, aber zuverlässig.

Trattosteria Gogabigoga
Piazza Cacuti, 1
Tel. 615454
Dienstags geschlossen
Betriebsferien: 1.-10. Januar
Plätze: 70
Preise: 30 000 Lire, ohne
Wein
Keine Kreditkarten

Die von den jungen Leuten Antonella, Rosalba und Michele erst kürzlich gegründete Osteria bietet in einem einfachen und freundlichen Ambiente die typischen Gerichte der Langhe: Vitello tonnato, Paprika mit Sardellen-Knoblauch-Creme, Agnolotti, Tagliatelle, Schmorbraten, Fasan in Weißwein, Panna Cotta, Bonet. Die Weinkarte ist gut. Hier kann man sich abends mit Freunden zu einem heiteren Essen treffen.

SERRALUNGA

Vorwahl: 0173

ÜBERNACHTEN

Albergo Italia
Piazza Cappellano
Tel. 613124
1 Stern
10 Zimmer ohne Bad. Bad
und WC auf dem Flur.
Preise: Doppelzimmer
45 000 Lire, Einzelzimmer
30 000 Lire inklusive Frühstück
Keine Kreditkarten

Giaculin Anselma, Inhaber der Pension und Wein- und Traubenmakler, gehört fest zur Geschichte der Langhe: Die Weinberge und Kellereien der Gegend sind für ihn kein Geheimnis. Seine Pension ist einfach, aber gut geführt. Sie können auch auf das angeschlossene Speiselokal zählen, das die Möglichkeit bietet, unverfälschte Gerichte der Langhe und die Hausweine zu kosten.

ESSEN

Antica Trattoria Del Castello

Frazione Baudana, 63
Tel. 61 33 75
Mittwochs geschlossen
Betriebsferien: zweite
Augusthälfte
Plätze: 70
Preise: 35 000-40 000 Lire
Keine Kreditkarten

Diese Trattoria auf der Straße nach Serralunga bietet ein rustikales Ambiente und eine Hausfrauenküche, für die Signora Piera zuständig ist. Carne cruda all'albese, Vitello tonnato, Zunge in Sauce, Paprika mit Sardellen-Knoblauch-Sauce gehören zu den Antipasti; Agnolotti mit Rosmarin, Tajarin und verschiedene Risotti zu den Primi; geschmortes Kaninchen und verschiedene Braten zu den Secondi. Bei den Dolci können Sie wählen unter Bonèt, Haselnußkuchen und Panna Cotta. Wenn Sie das Menü nicht absprechen, werden Ihnen all diese Speisen und mehr einfach serviert, wie es in dieser Gegend üblich ist. Bei den Weinen (es sind nicht viele) finden Sie natürlich vor allem Fontanafredda.

EINKAUFEN

Leckereien

La Contrada

Via Roma, 48

Dieses kleine Geschäft liegt gut versteckt in einem Gäßchen des Ortes. Franco Giaccone fotografiert die Langhe und verkauft die schönsten Bilder. In seinem Geschäft finden Sie auch die Essige, die sein Onkel herstellt. Außerdem gibt es die Haselnußtorten von Viberti aus Monforte und, ebenfalls aus Monforte, die Produkte der »Antica Dispensa«. Es werden die Grappe von Marolo aus Alba verkauft, die Baroli Chinati, unter anderen der von Cappellano, der Torrone von Martino aus Sinio und eine kleinere Auswahl von Weinen aus Alba. Der junge Geschäftsinhaber setzt auf Qualität und eine selbstbewußte Kundschaft.

Wein

Bottega del vino

Via Foglio, 1
Tel. 61 31 01, 61 35 28

Die Bottega ist samstags und sonntags von 9.00 bis 12.00 Uhr, und von 15.00 bis 18.30 Uhr geöffnet, außer im Dezember, Januar und Februar. Hier können Sie alle Weine kosten, die in Serralunga produziert werden (einige der besten Weinberge des gesamten Barologebietes!).

L'infernòt del castel

Via Roma, 2
Tel. 61 34 47

Hier finden Sie den berühmten Barolo Chinato des Doktor Giuseppe Cappellano. Das Rezept sieht eine lange Vergärung des Barolo, angereichert mit 13 Gewürzen und aromatischen Kräutern vor: Das wichtigste Gewürz ist natürlich die Chinarinde, und auch Kardamon darf nicht fehlen (siehe Seite 61). Darüber hinaus bietet das Geschäft eine große Auswahl hiesiger Weine und Feinkost.

WEINKELLEREIEN

Giuseppe Boasso

Borgata Gabutti, 17
Tel. 61 31 65

In dem kleinen Familienbetrieb keltern Franco und sein Sohn Ezio aus ihren vier Hektar Rebfläche Barolo (von der Lage Gabutti), Dolcetto, Barbera und auch eine kleine Menge Moscato d'Asti.

Giuseppe Cappellano

Via Alba, 13
Frazione Bruni
Tel. 61 31 03

Der Betrieb ist durch den Barolo Chinato auf der ganzen Welt berühmt geworden (siehe Seite 61). Er produziert aus den vier eigenen Hektar Rebfläche aber auch Dolcetto, Barolo, Barbera und Nebbiolo.

Eredi Virginia Ferrero

Regione Baudana, 71
Tel. 61 32 83

In dem Weinkeller der Ferreri wird eine beachtliche Menge Barolo alter, zum Teil sogar sehr alter Jahrgänge gehütet. Für Liebhaber dieses Weins ist ein Besuch unerläßlich.

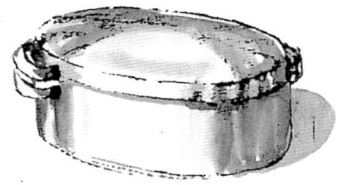

Giuseppe Massolino
Vigna Rionda
Piazza Cappellano, 6
Tel. 61 31 38

Rionda in Serralunga ist eine der wertvollsten Lagen der Langhe. Von hier stammen die Weine des Betriebs Massolino. Eine zuverlässige Adresse für alle Liebhaber traditionell hergestellten Weines: Sie finden hier strukturreiche Baroli, die sich zur Lagerung eignen.

Tenimenti Fontanafredda
Via Alba, 15
Tel. 61 31 61
Besichtigung in Gruppen
samstags und sonntags

Die historischen Weinkellereien von Fontanafredda produzieren mit mehreren Millionen Flaschen pro Jahr eine imposante Menge. Trotzdem geht man hier bei der Qualität keinen Kompromiß ein: Die Politik des Betriebs hat immer Wert auf ein hohes Niveau ihrer Produkte gelegt, zu denen alle piemontesischen Weine gehören. Bemerkenswert sind vor allem die Barolo- und Dolcetto-Lagen und der Spumante metodo classico. Kein Privatverkauf.

VERDUNO

Vorwahl: 0172

ÜBERNACHTEN

Albergo Real
Castello di Verduno
Via Umberto, 9
Tel. 47 01 25
2 Sterne
Geöffnet von März bis November
11 Zimmer mit Bad und WC, 2 Apartments
Parkplatz, Restaurant, Garten
Preise: Doppelzimmer 95 000-130 000 Lire, inklusive Frühstück, Einzelzimmer 75 000-100 000 Lire
Kreditkarten: AE, Diners, EC, Visa

Das Hotel befindet sich in einem Flügel des Schlosses, einer Residenz des Königs Carlo Alberto. Das unversehrte Ambiente des 19. Jahrhunderts (auf den Zimmern gibt es kein Telefon und keine Zentralheizung) fasziniert Stammgäste aus der ganzen Welt. Vor kurzem hat Lisetta Burlotto das Gästehaus im angrenzenden Garten eröffnet. Die fünf großen, mit Fresken geschmückten Zimmer wetteifern mit denen des Schlosses. Ein schattiger Park und eine wundervolle Aussicht auf den Alpenbogen runden das Bild dieser äußerst eindrucksvollen Residenz ab, die sich harmonisch in ihre Umgebung einfügt.

ESSEN

Real Castello di Verduno ★
Via Umberto, 9
Tel. 47 01 25
Kein Ruhetag
Betriebsferien: Dezember, Januar und Februar
Plätze: 50
Preise: 50 000-70 000 Lire, ohne Wein
Kreditkarten: AE, Diners, EC, Visa

Die Küche der Schwestern Burlotto – Lisetta Gabriella und Lilli – ist streng traditionell und regional. Das blieb sie auch, als in den Langhe im Zuge der Neuerung man jeden Preis alternative Wege beschritten wurden. Hier können Sie Hirn und Zunge in Sauce, Tajarin, Minestra del bate 'l gren (Minestra nach Art der Korndrescher) und Giura (Kuhschmorbraten) essen. Zum Abschluß gibt es eine Haselnußtorte nach einem Rezept des Hauses (diese wird, wie die selbstgemachten Marmeladen, auch zum Verkauf angeboten). Gute Weinkarte mit piemontesischen Gewächsen. Reservierung unerläßlich.

John Falstaff ★
Via Schiavino, 1
Tel. 47 02 44
Montags geschlossen
Betriebsferien: Januar und die erste Augustwoche
Plätze: 30
Preise: 60 000-70 000 Lire, ohne Wein
Kreditkarten: CartaSì

Nachdem er ausreichend Erfahrung hatte, beschloß Franco Giolitto vor einigen Jahren, sich selbständig zu machen. Sein Restaurant Falstaff hat mittlerweile einen guten Ruf: Francos Küche hat ihre Wurzeln in der Tradition der Langhe, aber er liebt es, die Ideen eines talentierten Chefs mit einfließen zu lassen. Der aufmerksame Service liegt in den Händen seiner Frau Jane. Die Weinkarte ist reichhaltig, man kann die Weine auch in der unter dem Ristorante liegenden Enoteca kaufen. Eine Reservierung ist unbedingt erforderlich.

EINKAUFEN

Grissini, Dolce aus Verduno
Panetteria Corino
Via V. Emanuele, 16

Die Rezepte stammen von Olga Burlotto, die seit 1939 diese winzige Bäckerei betreibt. Mit ein bißchen Glück finden Sie auch die berühmten Grissini aus Mehl und Wasser. Die »Sfoglia di Verduno«, eine Torte zum Einstippen oder mit einer Füllung verziert, gibt es nur auf Vorbestellung. Olga knetet den Teig immer noch mit den Händen und will sicher sein, daß die Torte auch sofort verzehrt wird, weil sie sonst ihr typisches Aroma verliert.

Salami
Macelleria-Salumeria Fava
Via Umberto I, 34

Salami mit Pelaverga, gekochte Salami, Cotechino und Kalbfleisch (der Inhaber kauft das piemontesische Vieh direkt von kleinen Züchtern) sind die Spezialitäten dieser Metzgerei. Sie befindet sich wenige Schritte vom Kastell entfernt und beliefert Restaurants und eine treue Privatkundschaft.

WEINKELLEREIEN
Fratelli Alessandria
Via Beato Valfré, 59
Tel. 47 01 13

Pelaverga und Barolo Movigliero sind die Spitzenprodukte dieses kleinen Betriebs, der sich am Rande der Stadt in einem schönen Haus aus dem 18. Jahrhundert befindet. Sie sollten auch den Barbera, Dolcetto und den weißen Favorita probieren.

Bel Colle
Borgata Castagni, 56
Tel. 47 01 96

Der Weintechniker Torchio, Leiter des Betriebs, präsentiert eine erfreuliche und gut gearbeitete Weinserie: vom Barolo zum Pelaverga, vom Arneis zum Favorita, vom Dolcetto zum Barbera.

Antonio Brero
Via V. Emanuele, 17
Tel. 47 02 16

Ein kleiner Betrieb, dessen Besitzer sich selbst als »Weinhändlerchen« bezeichnet und sich vor allem durch seinen Pelaverga auszeichnet.

Andrea Burlotto
Via Laneri, 6
Tel. 47 01 52

Seine Weine gehören zu den klassischen der Gegend: Barolo, Dolcetto, Barbera und natürlich Pelaverga.

Commendator G. B. Burlotto
Via V. Emanuele, 28
Tel. 47 01 22

In den historischen und eindrucksvollen Kellern des großen »Barolista«, wird die glorreiche Tradition fortgeführt, ohne der Vergangenheit nachzutrauern.

Dolcetto, Barbera, Barolo und der unumgängliche Pelaverga sind noch immer Weine, die Respekt verdienen.

Castello di Verduno
Via Umberto I, 1
Tel. 47 01 25, 47 02 84

Lisetta und Gabriella Burlotto haben ihre Kräfte mit dem Barbaresco-Produzenten Franco Bianco vereint. Das Ergebnis ist eine Reihe interessanter Weine, alle aus den eigenen Weinbergen (Barolo, Dolcetto, Barbaresco).

TREKKING IN DEN LANGHE

Diese Organisation offeriert allen Naturfreunden eine Reihe von Spaziergängen unter Führung: mit dem Mountainbike, zu Pferd oder mit dem Schlauchboot. Es gibt über zwanzig Touren von verschiedener Dauer und Schwierigkeitsgrad. Wenn Sie unter einer der folgenden Telefonnummern anrufen, können Sie sich auch individuelle Touren zusammenstellen lassen:
0172/49 53 00, 49 00 18;
Fax 49 51 10.

Spaziergänge zwischen
Kunst und Küche

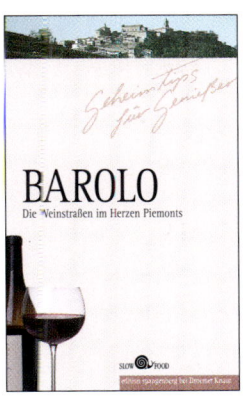

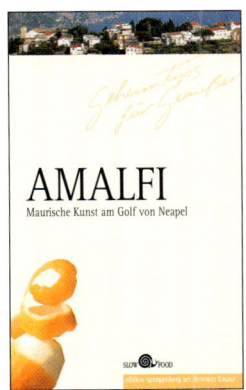
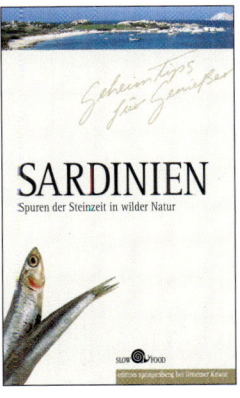

Kommen Sie jetzt in den Genuß

Immer mehr Menschen erkennen, daß Essen und Trinken Teil unserer Kultur sind. Darum unterstützen immer mehr Menschen SLOW FOOD. Denn die internationale SLOW-FOOD-Bewegung setzt sich für die Achtung der Lebensrhythmen der Menschen und der Natur als Ursprung aller Nahrung ein; für die Verbreitung hochwertiger Lebensmittel, die naturnah mit sinnvollen Methoden erzeugt werden; für das Bewußtsein, daß jedes Land, jede Region und jede Jahreszeit eine Vielfalt von Nahrungsmitteln hervorbringen.

Darum machen bei SLOW FOOD alle mit: Produzenten und Händler, Winzer und Gastronomen, Verbände und Journalisten – und viele, viele private Genießer.

Mit der Anmeldung zur Bewegung SLOW FOOD International bekommen Sie automatisch Ihre Mitgliedskarte und ohne weitere Kosten die viermal im Jahr erscheinende Zeitschrift »Slow« zugeschickt. Die Mitgliedskarte gibt Ihnen die Möglichkeit, Rabatte und Vorteile, die unseren Mitgliedern exklusiv vorbehalten sind, weltweit zu nutzen. Außerdem werden Sie regelmäßig über SLOW-FOOD-Veranstaltungen in Ihrer Region informiert.

Ja, ich möchte in den Genuß kommen und werde Mitglied bei der Bewegung Slow Food International.

Zahlungsart:

☐ Überweisung auf das italienische Postscheck-konto von SLOW FOOD beim Ufficio postale di Bra (Cn) –
sede N°. 23-31
Konto Nr. 17251125
(Überweisungsdurch-schlag liegt bei)

☐ Visa / Master Card

☐ American Express

☐ Karten Nr.:

Name

Vorname

Firma

Straße

Postleitzahl/Ort

Land/Region

Telefon/Fax

Beruf

Datum/Unterschrift

Ablaufdatum

Jahresbeitrag: DM 95,–, öS 650,–, sFr 120,–.
Die Mitgliedschaft gilt 1 Jahr. Sie kann danach jederzeit und ohne Angabe von Gründen gekündigt werden.

Ort/Datum

Unterschrift

Bitte diesen Coupon kopieren und einfach in einen frankierten Umschlag stecken oder faxen an: SLOW FOOD INTERNATIONAL OFFICE, VIA DELLA MENDICITA ISTRUITA 14 I-12042 BRA (CN), TEL.: 0039 172 41 12 73, FAX 0039 172 42 12 93

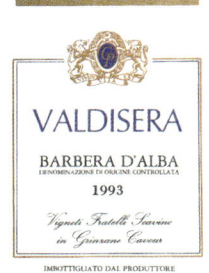

Die 500 Erzeuger und Teilhaber des Weinkellers "Terre del Barolo" besitzen insgesamt etwa 800 Hektar Weinberg im Weinbaugebiet des Barolo und produzieren durchschnittlich 100.000 Zentner Trauben, die gänzlich an die Genossenschaft abgegeben werden. Diese verarbeitet sie, nach genauer Auswahl je nach Weinberg und Gebiet, and den traditionellen Methoden festhaltend und sich dennoch modernster Technologie bedienend zu Wein. Um die Qualität der Produkte immer weiter zu verbessern, verfolgen spezialisierte Techniker die Arbeit der Winzer vom Anlegen des Weinbergs bis zur Lese. Durch diese Voraussetzungen entstehen die großen Weine "Terre del Barolo" - von der Auswahl der besten Trauben des Barolo, Dolcetto d'Alba, Diano, Barbera d'Alba bis zu den selteneren Weinen wie Verduno Pelaverga, Langhe Freisa, Langhe Favorita und Langhe Chardonnay.

WEINKELLER
Terre del Barolo

Castiglione Falletto, Via Alba-Barolo 5
Tel. 0173/262053 -Fax 0173/231968
Geöffnet von Mo bis Sa, 8-12/14-18 Uhr; So 9-12 Uhr